DE

L'IRIDECTOMIE

PAR

A̶lphonse DUBRUEIL

DOCTEUR EN MÉDECINE,

Prosecteur à la Faculté de Médecine de Paris,
Ancien interne des hôpitaux.

PARIS

ADRIEN DELAHAYE, LIBRAIRE-EDITEUR

PLACE DE L'ÉCOLE-DE-MÉDECINE

1866

DE

L'IRIDECTOMIE

A. Parent, imprimeur de la Faculté de Médecine, rue Mr-le-Prince, 31.

DE
L'IRIDECTOMIE

PAR

Alphonse DUBRUEIL

DOCTEUR EN MÉDECINE,

Prosecteur à la Faculté de Médecine de Paris,
Ancien interne des hôpitaux.

<hr>

PARIS

ADRIEN DELAHAYE, LIBRAIRE-ÉDITEUR

PLACE DE L'ÉCOLE-DE-MÉDECINE

1866

J. DUBRUEIL

Professeur à la Faculté de Médecine de Montpellier,
Officier de la Légion d'honneur,
Membre correspondant de l'Académie de médecine.

DE

L'IRIDECTOMIE

HISTORIQUE.

Parmi les nombreuses conquêtes que l'art ophthalmologique a faites dans ces derniers temps, l'iridectomie est une de celles qui doivent être mises au premier rang. Ce n'est pas que ce soit une opération de date récente, mais les indications nouvelles auxquelles on l'a appliquée permettent en quelque sorte de la considérer comme la propriété de notre époque. Les cas nombreux dans lesquels elle peut être mise en usage, les succès qu'elle a donnés, appellent l'attention et commandent l'intérêt, tandis que, d'autre part, les critiques dont elle a été l'objet nécessitent un examen sévère de son but et des services qu'elle est appelée à rendre. J'étudierai d'abord l'histoire de cette opération jusqu'au moment où elle a été appliquée au traitement du glaucome, des phlegmasies du globe oculaire ; je passerai en revue les indications auxquelles elle peut répondre de nos jours ; je décrirai ensuite le manuel opératoire avec ses accidents et ses soins consécutifs.

L'iridectomie (ἴρις, iris, et ἐκτομή, retranchement)
ou corectomie (κόρη, pupille, et ἐκτομή), excision
d'une partie du diaphragme irien, paraît remon-
ter jusqu'à Guérin, de Lyon, qui l'aurait employée non comme méthode principale, mais
comme complément de l'iridotomie : tel est, du
moins, ce qu'en disent Springel (1) et M. Velpeau (2);
mais je dois dire que rien dans le *Traité des maladies des yeux*, publié à Lyon en 1769, ne paraît
confirmer cette origine : c'est à Reichenbach que
revient l'honneur d'avoir le premier proposé d'enlever une portion de l'iris avec un instrument de
son invention dans son ouvrage intitulé : *Cautelæ
et observationes circa extrat. cataractæ novam me-
thodam, synezesin operandi sistentes*, p. 26, § 25. Mais
ce projet resta à l'état latent jusqu'au moment où
Jannin, observant que toutes les fois qu'il prati-
quait une opération de pupille artificielle par l'iridotomie la nouvelle pupille se refermait, songea
à modifier l'opération et créa le procédé suivant :
constatant que dans le cas d'occlusion de la pupille
il y a souvent opacité du cristallin, il pratiqua
l'excision d'une partie de l'iris de la manière suivante : «Dans une circonstance aussi embarras-
sante, je crus qu'il n'y avait rien de mieux à faire
que de fenêtrer la tunique opaque, afin de donner
une libre entrée aux rayons lumineux ; ce que je

(1) Springel, t. VIII, *Histoire de la médecine*, p. 81.
(2) Velpeau, *Traité de médecine opératoire*, t. III, p. 458.

fis sur-le-champ au moyen des ciseaux courbes.
Dès que cette membrane fut coupée circulairement,
j'en fis l'extraction. » (Jannin, 1772.)

Après Jannin, nous arrivons à Wenzel, qui passe
généralement pour l'inventeur de l'iridectomie, et
c'est en effet lui, on peut le dire, qui l'a véritable-
ment érigée en méthode. Il procédait d'abord
comme dans l'opération de la cataracte ; il enfon-
çait le kératotome à travers la cornée et avait soin
de tailler un lambeau semblable aux dépens de
l'iris ; le lambeau de l'iris présentait à peu près la
longueur d'une ligne. Ensuite l'opérateur intro-
duisait les pinces dans l'œil, saisissait le lambeau
de l'iris, le tendait et l'excisait.

Demours (1) pratiqua également cette méthode,
mais par un procédé à lui ; il ne restait plus, dans
le cas qui fait l'objet de son observation, de transparent que le cinquième supérieur de la cornée. Il
incisa dans cet endroit la cornée et l'iris sur un
point très-rapproché de la sclérotique, enfonça à
travers cette dernière membrane des ciseaux droits,
dont une branche pénétra dans le corps vitré et
enleva de l'iris une portion qui présentait, dit-il,
la forme et les dimensions d'un grain d'oseille.

Telle est l'origine de l'opération de l'iridectomie ;
nous la verrons maintenant se perfectionner jusqu'à
nos jours, où, disons-le, elle arrive à son maximum

---

(1) Demours, Observation sur une pupille artificielle ouverte
tout auprès de la sclérotique, 1801.

d'importance en raison des indications variées auxquelles elle répond.

Mais, avant d'aller plus loin, il est nécessaire, tout en faisant l'historique, de classer les procédés, car nous voyons Beer introduire une modification assez importante, qui consiste à diviser l'iris en dehors du globe oculaire, tandis que Weinhold en introduit une autre : il excise une partie de l'iris en passant par la sclérotique, de sorte qu'on est autorisé à admettre la division suivante dans les différents procédés.

Il y a d'abord deux grandes classes : dans l'une on passe par la cornée, dans l'autre par la sclérotique.

Dans la première, que j'appellerai *iridectomie cornéale*, se classent les procédés suivants :

Ceux d'Arnemann, de Forlenze, Sabatier, Muldenn, Physick, Reisseinger, Giorgi d'Imola, Luigi de Balba, Leroy d'Étiolles, et de Furnari.

C'est aussi dans cette catégorie que se rangent la plupart des procédés employés actuellement et que je passerai en revue en décrivant cette opération telle qu'elle est faite de nos jours.

Au *procédé sclérotical* se rattachent les opérations de Weinhold, Riecke, Muter.

Il est je crois utile de dire quelques mots de ces opérations.

Arnemann (1) a proposé de faire une excision

____

(1) Arnemann (*System der Chirurgie;* Gœttingue, t. II, th., p. 199).

circulaire de l'iris avec des ciseaux courbes. Forlenze (1) fait à la cornée une incision à lambeau, comme s'il voulait faire l'extraction de la cataracte, saisit l'iris avec des pinces et en excise une portion.

Le procédé de Sabatier, tel qu'il le décrit dans sa *Médecine opératoire*, t. IV, p. 489, est presque le même que celui de Forlenze,

«Incision de la cornée avec un kératotome.— Le lambeau est soulevé avec une curette, puis l'iris est saisi avec des pinces, et on en excise une portion avec des ciseaux courbes. »

Mulden, à une incision cruciale de l'iris, ajoute l'excision de l'extrémité des lambeaux.

Physick, pour pratiquer la section de l'iris, se servait d'une pince emporte-pièce.

Viennent ensuite quelques procédés dans lesquels apparaissent des instruments nouveaux qui en constituent en quelque sorte tout le mérite : tel est le double crochet de Reisinger réuni à des ciseaux (2), le crochet simple de Kunstmann également joint à des ciseaux (3); telles sont les deux aiguilles inégales terminées en fer de lance, appliquées l'une sur l'autre, susceptibles d'être écartées, inventées par Giorgi d'Imola (4).

(1) Forlenze, *Considérations sur l'opération de la pupille artificielle*. Strasbourg, 1805.

(2) *Bayersche Annalen für Abhandlungen, Erfindungen und Becbachttungen*. Sultzbach, 1824, 76d, tst, p. 121.

(3) Rust, *Magazin für die gesammte Heilkunde*. 46d, 2hf, p. 320.

(4) *Memoria supra un nuovo instrumento per operare le cataratte e per formare la pupilla artificiale*, 1822.

Je citerai en dernier lieu l'instrument compliqué de Luigi de Balba (1), composé d'un crochet analogue à celui de Beer, d'une sorte de tenaille tranchante mobile sur le crochet; l'instrument de Leroy d'Étiolles, à peu près semblable à l'amygdalotome; enfin la pince à double bascule et à extrémité terminée par un emporte-pièce employée par Furnari (2).

Je n'insiste pas sur ces différents procédés. Si dans le manuel opératoire de la pathologie oculaire il est nécessaire d'employer des instruments spéciaux, il est d'autre part, ce me semble, tout à fait inutile de multiplier indéfiniment des instruments qui ne présentent pas d'avantage bien tranché.

Avec Beer (3) commence à s'introduire dans l'iridectomie une modification importante qui consiste à ne pratiquer la section de l'iris que lorsqu'il est sorti à travers la plaie de la cornée. Ce procédé mérite d'être décrit.

Le premier temps se compose d'une section faite à la cornée avec un couteau à cataracte; puis, si l'iris est mobile, il se porte spontanément à l'extérieur; il n'y a qu'à le saisir et à l'exciser. Dans le cas d'adhérence, il faut aller saisir l'iris à travers l'ouverture de la cornée et l'amener à l'extérieur pour en pratiquer l'excision.

Le procédé de Gibson (*Practical observations on the*

---

(1) *Gazette médicale*, t. III, 1835.

(2) Furnari, *Traité des maladies des yeux*, p. 353, 1841.

(3) Beer, *Lehre von den Augenkrankeiten*, t. II, p. 200, § 169. Wien, 1817.

formacion of an artificial pupil, in severed derenged statis of the eye, octobre 1811) diffère trop peu de celui de Beer pour mériter une description spéciale. J'en dirai autant de celui de Walther (*in* Heiberg, *Commentatio de coremorphosi*, p. 80).

Maintenant c'est le lieu d'indiquer la méthode consistant à pénétrer par la sclérotique et les procédés qu'elle comporte.

Weinhold est le premier qui ait pratiqué cette méthode; il se sert d'un instrument spécial (aiguille-ciseau à cataracte). Riecke fait avec une aiguille en fer de lance une ponction dans la sclérotique, se sert de cette ouverture pour introduire des ciseaux-aiguilles, déprime le cristallin, et après avoir pressé le globe oculaire et fait faire ainsi un pli à l'iris, il en excise une portion. Muter (*on Cataract and artificial pupil*, 1811) emploie une méthode intermédiaire entre les deux précédentes; c'est-à-dire qu'avec une aiguille à cataracte il pratique une ponction de la sclérotique près de la cornée, introduit par cette ouverture des ciseaux dont une lame est mousse et l'autre pointue. La portion aiguë perfore la cornée, tandis que l'autre est enfoncée dans la chambre postérieure. Lorsque l'instrument est arrivé jusqu'au bord pupillaire de l'iris, les lames sont rapprochées et le chirurgien pratique sur cette membrane une section se dirigeant vers le centre. La même opération est faite sur un autre point, de manière à produire sur l'iris un lambeau triangulaire à base externe qui est attiré au dehors, puis excisé.

Tel est le court historique que j'ai cru devoir re-
tracer relativement à cette opération. Entrer dans
des détails minutieux sur le manuel opératoire ou
sur les instruments employés m'a paru chose inutile, car l'iridectomie, en raison des discussions auxquelles elle a donné lieu, des indications j'oserai
dire entièrement neuves, auxquelles on a trouvé
qu'elle répondait dans ces derniers temps, peut
presque passer pour une opération nouvelle.

Aussi avant d'étudier l'opération telle qu'elle se
pratique de nos jours, il me paraît nécessaire de
passer en revue les différentes lésions dans lesquelles il y a lieu de l'appliquer, soit qu'elle constitue à elle seule toute l'opération, soit qu'elle n'en
représente qu'un temps.

INDICATIONS

De toutes les lésions auxquelles l'iridectomie peut remédier, celle à laquelle elle a d'abord été appliquée est l'*opacité partielle de la cornée* et l'*oblitération de l'ouverture pupillaire ;* alors elle constitue une des variétés de la pupille artificielle. Employée dans ces circonstances, l'iridectomie paraît présenter d'incontestables avantages sur les autres procédés de pupille artificielle, c'est-à-dire l'*iridotomie,* l'*iridodialyse,* le rétablissement de la pupille naturelle ou *coréanaplastie,* le déplacement de la pupille naturelle ou *corectopie.*

Les avantages qu'elle présente sur ces opérations sont les suivants : mieux que toutes ces méthodes, l'iridectomie assure un libre passage aux rayons lumineux. Comme l'iridotomie, elle n'a pas l'inconvénient d'exposer au recollement consécutif des bords de l'incision, recollement dont le premier effet est de faire perdre tout le bénéfice de l'opération, inconvénient qu'on peut reprocher également à l'iridodialyse.

L'expérience est venue en effet démontrer que, dans ces deux méthodes, le résultat obtenu persiste bien plus rarement que lorsque l'excision a été pratiquée.

Il n'y a pas de parallèle possible à établir entre

l'iridectomie et la coréanaplastie, qui n'est applicable qu'à des cas extrêmement limités.

Aussi, au point de vue de la création d'une pupille artificielle comme méthode générale, l'iridectomie nous paraît infiniment préférable ; son manuel opératoire n'est pas plus difficile, les suites ne sont pas plus fâcheuses, et, en dernier lieu, elle nous paraît applicable à tous les cas ; encore se voit-on quelquefois obligé de revenir à plusieurs reprises à cette opération ; je n'en citerai pour preuve que l'observation remarquable de Furnari publiée dans la *Revue médico-chirurgicale* de Malgaigne, t. XII, p. 185 et suivantes.

« Annette P...., d'Auxonne, âgée de 19 ans, me fut adressée, en 1841, par M. le professeur Moreau. Cette malade, essentiellement lymphatique, avait entièrement perdu la vision par suite d'ophthalmies strumeuses et d'iritis. Dans l'œil gauche, la pupille avait disparu presque entièrement ; on ne remarquait au centre de l'iris qu'un petit point grisâtre du volume d'une pointe d'aiguille. Dans l'œil droit, la pupille, très-déformée, était entièrement obstruée par une fausse membrane de couleur nacrée et très-épaisse ; la malade distinguait le jour de la nuit ; c'était naturellement l'œil qui offrait quelques ressources. M. le professeur Velpeau pratiqua l'opération. La pupille fut en grande partie dégagée par le détachement de la fausse membrane et l'abaissement du cristallin ; la vision revint immédiatement ; mais au bout de vingt jours quelques détritus du cristallin, de sa capsule et d'anciennes fausses membranes, obstruèrent de nouveau la pupille et nécessitèrent une nouvelle opération qui, malgré les efforts du savant chirurgien de la Charité, fut suivie d'atrophie du globe et de perte totale de la faculté visuelle. La malade, sortie de l'hôpital, confia à mes soins son œil gauche, qui se trouvait, comme j'ai déjà dit, dans de plus mauvaises conditions que le droit, car il fallait faire une ouverture à l'iris, détruire les fausses membranes et abaisser le cristallin.

« Les accidents consécutifs de l'œil droit m'engagèrent à ne faire de tentatives sur l'œil gauche qu'en plusieurs temps et avec beaucoup de prudence. Dans l'espoir que le cristallin de cet œil ne serait pas opaque, et voulant par conséquent le ménager dans sa manœuvre opératoire, j'ai fait passer l'aiguille à travers la cornée, et par la chambre antérieure j'ai appliqué la partie convexe de la lance sur la partie centrale de l'iris ; en poussant le manche de l'instrument d'arrière en avant, j'ai enfoncé la lance dans l'iris en la faisant passer entre la partie postérieure de cette membrane et la capsule antérieure du cristallin, couverte de fausses membranes ; en poussant l'aiguille vers l'extrémité opposée, j'ai pratiqué la contre-ponction ; ensuite, par un mouvement de va-et-vient et de haut en bas du tranchant inférieur de l'aiguille, j'ai obtenu une solution de continuité, une espèce

de lambeau encore adhérent à la partie supérieure
externe. A l'aide de la pointe de l'aiguille, le petit
lambeau a été accroché et détaché en grande partie ; j'ai obtenu ainsi une ouverture plus que suffisante pour permettre aux rayons lumineux de
pénétrer dans le fond de l'organe ; une portion de
la fausse membrane était enlevée, le cristallin offrait une teinte grisâtre : aussi la malade a vu immédiatement, mais comme à travers un grand
brouillard.

« Enfin j'ai fait disparaître la lourdeur du
manche métallique de l'instrument en renfermant
le ressort dans une tige d'ivoire.

« Le résultat sus-indiqué n'a eu que dix années
de durée, car, en janvier 1851, la malade ayant
heurté l'œil contre un meuble, il s'ensuivit une
violente inflammation qui remit tout en question : l'iris est redevenu malade, la pupille s'est ré-
trécie de nouveau, et la sécrétion de lymphe plastique qui finit par s'organiser s'obstrue entièrement.
La malade revint à Paris au mois de mars 1851 ;
l'œil offrait tous les caractères d'une ophthalmie
chronique. Après quelques soins préliminaires, j'ai
pratiqué une nouvelle opération ; mais cette fois-ci,
n'ayant pas à ménager le cristallin, puisqu'il n'existait plus, j'ai employé la corectomie d'après la méthode de Wenzel, en excisant l'iris sur place. La
pupille obtenue était presque ronde, d'un très-beau
noir et très-étendue ; je craignais même qu'elle ne
fût trop grande, car l'opérée était fortement éblouie

par le moindre rayon de lumière. Mais quel ne fut pas mon étonnement lorsque huit jours après je vis, malgré l'usage de la belladone, la pupille se rétrécir graduellement et se souder de nouveau par une couche intermédiaire de lymphe plastique ! Nouvelle opération par le procédé de Beer (excision de l'iris entraîné au dehors); nouvelle récidive ; seulement, après cette seconde opération, la pupille est restée assez étendue, mais toujours obstruée par de nouvelles fausses membranes.

« Afin de modifier la prédisposition plastique de l'œil avant de faire de nouvelles tentatives opératoires, j'ai voulu soumettre cet organe à l'application continuelle d'un collyre ioduré ; des frictions iodurées ont été faites en même temps aux tempes. La malade faisait déjà usage depuis plusieurs mois d'iodure de potassium à l'intérieur. N'ayant plus à toucher l'iris, je me suis borné, à l'aide de l'aiguille sus-indiquée, à pratiquer une ouverture au centre de la fausse membrane ; mais, dès que je voulus en saisir les fragments, la résistance fut telle que l'iris suivait la membrane anormale et qu'il en résultait un commencement de décollement irien en haut.

« Forcé de cesser la manœuvre afin d'éviter la formation de deux pupilles, je n'ai obtenu, quinze jours après, un dégagement complet de l'ouverture pupillaire qu'en faisant différentes petites brèches dans la fausse membrane ; leur résolution complète ne se fit pas longtemps attendre, et la vision fut rétablie après sept opérations, sans compter les deux tentatives qu'on avait faites à l'œil droit.

« La patience exemplaire de la malade et mes efforts persévérants seront-ils couronnés d'un succès définitif et durable? Tout porte à le croire, car l'opérée, partie de Paris vers la fin d'août 1851, m'a écrit elle-même dernièrement que sa vue se fortifiait de jour en jour. »

En outre, des indications spéciales sont remplies par cette opération, auxquelles aucune autre ne pourrait satisfaire toutes les fois qu'il se développe sur l'iris des tumeurs ou des kystes, quand un corps étranger est profondément enfoncé dans cette membrane et qu'on ne peut l'extraire ; elle a donné de beaux succès dans certains cas d'ulcères de la cornée. Quelquefois, dans la cataracte par kératotomie, l'excision de l'iris devient une condition indispensable de réussite. C'est ainsi que dans la cataracte diabétique l'expérience a démontré à M. Desmarres et à de Graefe qu'il était nécessaire de faire coïncider l'iridectomie avec l'extraction (Zavier Galezouski, p. 26). Dans des cas où il existe de nombreuses adhérences entre la capsule et le cristallin, ou lorsque la capsule adhère à l'iris, la même opération facilite singulièrement l'extraction. Enfin le myosis, l'hydrophthalmie et les synéchies antérieures constituent également des indications de l'iridectomie.

On sait qu'à l'extraction linéaire de la cataracte on a ajouté, comme temps préalable, l'excision de

l'iris ; mais ici, je l'avoue, cette méthode a été peut-
être trop généralisée, car en somme l'iris a évidem-
ment à remplir un rôle utile dans l'exercice des
fonctions visuelles : en retrancher une partie constitue non-seulement une difformité, mais encore
laisse un certain trouble dans la vision.

Cette méthode, que de Graefe a fait connaître et
généralisée (*Archiv für Ophthalmologie*, t. V, p. 1, et
t. VI, p. 2), ne me paraît donc pas mériter d'être
si généralement employée ; j'insisterai plus loin sur
ce point.

Dans quelques cas de cataracte secondaire on est
forcé, en même temps qu'on excise la portion mem-
braneuse qui la constitue, d'enlever une portion de
l'iris, à cause de l'adhérence que les differents tissus
ont contractée entre eux ; mais c'est surtout lorsqu'il
existe un excès de pression dans le globe oculaire
que l'iridectomie me paraît une opération utile et
même indispensable.

C'est en effet pour le traitement de l'iritis chronique, de l'irido-choroïdite, surtout de l'irido-choroïdite plastique, du glaucome, que l'iridectomie
est le plus souvent employée. A de Graefe revient
le mérite d'avoir appliqué l'iridectomie à des indications qu'il a été le premier à entrevoir. Aussi
indiquerai-je plus loin la discussion et les résultats obtenus par cet éminent chirurgien (*Ann.
ocul.*, 2ᵉ sem. 1857) qui le conduisirent à géné-
raliser cette opération.

Jæger (*du Glaucome et de son traitement*, 1858,

Ann. ocul., 2ᵉ sem., page 92, 1858, trad. de Van Bewliet) nous donne sur les résultats de l'iridectomie les renseigements les plus favorables puisqu'il la considère comme arrêtant pour quelque temps, quelquefois pour toujours, les progrès du glaucome.

Le professeur Harwer, de Prague, a publié, en 1865, trois cas de cancer mélanique de l'œil momentanément arrêtés par l'iridectomie. Je livre cette indication telle que je l'ai trouvée et sans commentaires.

L'iridectomie peut être appelée à remplir une indication, du reste, très-rare dans le cas de persistance de la membrane pupillaire.

Examinons, surtout au point de vue du glaucome et de l'irido-choroïdite, les avantages que peut présenter cette opération appliquée pour la première fois pour ces lésions par de Graefe (1).

Il donna, en 1857, les comptes-rendus d'une série de cas d'iritis chronique et d'irido-choroïdites qu'il avait traitées par ce procédé.

L'atrophie de l'œil avait été arrêtée et la vision notablement améliorée; ses succès l'engagèrent à appliquer le même procédé aux ectasies des cicatrices cornéennes, aux staphylomes, tant antérieurs que postérieurs; puis il en vint à l'appliquer au glaucome.

---

(1) *Archiv für Ophth.*, t. II, 2ᵉ partie, p. 202-257 (*Ann. ocul.*, 2ᵉ série, 1857).

Quel peut être le mode d'action de cette opération dans cette dernière lésion? car, avant d'aller plus loin, il est nécessaire de nous demander par quel mécanisme elle peut remédier aux troubles existants.

Dans le glaucome, tous les phénomènes annoncent un excès de pression dans le globe oculaire qui se traduit par une gêne des circulations veineuses et artérielles et la sensation toute particulière de dureté que l'on perçoit en pressant le globe oculaire.

L'excision de l'iris agit en diminuant la pression intra-oculaire, et c'est là un résultat sur lequel tout le monde est d'accord; mais par quel mécanisme est-il obtenu? Des explications diverses ont été proposées : on a invoqué successivement l'issue directe du liquide à travers la plaie de la cornée, la section d'une certaine quantité de vaisseaux et du canal veineux circumirien, l'ablation d'une portion de surface sécrétante, la section des fibres iridiennes qui, relâchant d'autre part le muscle de Brucke, introduit des changements réciproques dans la pression exercée par les membranes de l'œil.

Voici maintenant des explications plus complexes. Pagenstecher a donné l'explication suivante, que je rapporte ici textuellement (1) :

(1) *De l'iridectomie*, observation recueillie à l'Institut ophthal. de Wiesbaden, par le Dr Pagenstecher, trad. par le Dr Bosch (*Ann. ocul.*, t. II, p. 113; 1859).

« La choroïde est beaucoup plus riche en sang veineux qu'artériel : par l'excision d'une portion de l'iris on empêche le retour d'une partie d'autant plus considérable du sang veineux que la portion excisée est plus étendue ; en d'autres termes, l'iridectomie diminue la masse du sang veineux de la choroïde, et cette diminution doit nécessairement être en rapport avec les dimensions de la partie enlevée. L'observation des cas pathologiques dans lesquels on opère lorsque la communication des deux chambres est encore libre prouve que la valeur de l'iridectomie ne réside pas seulement dans le rétablissement de cette communication, mais surtout dans la modification de la circulation choroïdienne.

« L'expérience a de plus démontré que, dans le cas de synéchie postérieure et complète, choroïdite franche, irido-choroïdite traumatique (par exemple, après un broiement de cataracte), enfin dans ceux de glaucome aigu (choroïdite arthritique), l'iridectomie fait cesser l'inflammation. Dans cette dernière affection surtout, qui se caractérise par une énorme tension oculaire dont les symptômes ne peuvent être expliqués que par l'action de la compression de l'intérieur du globe oculaire, où la dilatation extrême de la pupille permet à la pression de s'étendre jusqu'à la cornée, on ne peut attribuer qu'à la diminution de la masse sanguine de la choroïde le rapide succès que l'on obtient de l'opération. Une circulation plus libre et normale s'établit d'a-

bord dans le système capillaire de la choroïde et du
corps ciliaire à la suite de cette déplétion veineuse,
qui remplit ici le rôle d'une saignée, et, comme
conséquence ultérieure, les sucs nutritifs destinés
au corps vitré et au cristallin acquièrent leur qua-
lité normale. Alors, éclairement des troubles diffus
dans le corps vitré, résorption des flocons de l'humeur vitrée et même des troubles commençants du
cristallin (résultat d'un défaut de nutrition). »

M. Giraud-Teulon explique ainsi l'action de l'iridectomie : « Sous l'influence de la pression qu'il
subit, étant poussé en avant par le diaphragme de
de Zinn, l'iris réagit contre la perturbation qu'il
éprouve ; les nerfs propres s'irritent, et cette irritation produisant un effet de retour sur les attaches
ciliaires et sur les filets nerveux qui s'y ramifient,
ajoute ses propres effets à l'hyperesthésie première.
Il naît de là un effet d'irritation qu'on pourrait appeler récurrente, par laquelle un effet devient cause.
La section de l'iris, l'ablation d'un certain segment
dans l'étendue de ce muscle circulaire, interrom-
pent le cercle vicieux et suppriment un des élé-
ments d'entretien de la maladie. » (*Gaz. hebdomadaire*, 1863.)

M. Wecker (*Gaz. hebd.*, 1864) dit : « Par ce moyen
on enlève un nombre considérable de filets nerveux
que, faute d'une meilleure expression, j'appellerai
sécréteurs, et qui sont destinés à régler la pression
intra-oculaire. On diminue directement l'énergie

de cette sécrétion, et avec elle la pression interne. »

M. Wecker fait encore remarquer fort judicieusement que « la nature, il est vrai, arrive insensiblement au même résultat, car l'atrophie consécutive à la compression des nerfs ciliaires et des vaisseaux du fond de l'œil est suivie elle-même d'un abaissement de la pression interne ; mais c'est toujours au détriment de l'œil et de ses délicates fonctions que se rétablit alors l'équilibre. »

C'est à la communication établie par l'iridectomie entre l'humeur aqueuse et l'humeur vitrée, que Bowmann attribue les heureux résultats de, cette opération. L'humeur vitrée cesse de comprimer la rétine et peut passer dans la chambre antérieure, et là l'exosmose qui se fait à travers la cornée, ou bien l'absorption par les vaisseaux de la face antérieure de l'iris, en débarrasse le globe oculaire. Enfin, je citerai en dernier lieu l'opinion de de Graefe dans sa note à l'Institut, où il dit qu'il se contente d'acquérir les preuves empiriques du fait sans en chercher les explications.

De l'Allemagne, où elle avait pris naissance, l'iridectomie s'est répandue en Angleterre, où Bowmann, Crichett, Hulcke l'ont pratiquée. Introduite en Russie par Frœbellius, nous la voyons employée par Blessing et Macaulay.

En Italie, Sperino et Quaglino ne tardèrent pas à la mettre en pratique. En France, elle excita quelque temps une certaine défiance et resta dans le domaine des spécialistes, mais, aujourd'hui, elle est en quelque sorte vulgarisée.

En Angleterre, Soelberg Wells recommande de différer l'opération lorsque les signes prodromiques ne se montrent qu'avec des intermittences complètes et que l'œil se trouve dans des conditions normales pendant l'intervalle des accès. Lorsque les symptômes sont plus rapprochés, dans le glaucome de l'inflammation aiguë, il faut opérer rapidement, et à plus forte raison dans le glaucome foudroyant. J.-G. Hildige, de Dublin (*Medical Times*, 1864, t. I, p. 8), recommande également l'iridectomie dans les cas d'inflammations glaucomateuses et cite un succès de cette opération dans un cas où les moyens médicaux avaient échoué. Il s'agit d'une dame âgée de 35 ans, qui présentait les traces d'une inflammation glaucomateuse des deux yeux. L'œil gauche était plus malade que le droit; les moyens médicaux avaient été sans succès. M. Hildige pratiqua l'opération de l'œil gauche. Cette opération n'enraya pas la marche de la maladie du côté droit, et, quelques jours après, il l'opéra également. Cette double opération fut, dit-il, suivie un mois après d'une guérison complète. Les deux yeux avaient retrouvé leur tension normale, l'injection de la conjonctive avait disparu, les iris avaient repris une coloration naturelle. Toutefois, la guérison fut plus complète à droite, où la transparence fut plus parfaite.

Les Drs Quaglino et Rava, de Milan (*Ann. oculist.*, 8ᵉ série, 1862, p. 274), à la suite du succès obtenu dans quatre cas de glaucome chronique par l'emploi de l'iridectomie, formulent les conclusions suivantes : « L'iridectomie peut ramener ou améliorer la fonction dans les cas mêmes de glaucome chronique où l'amaurose plus ou moins complète date d'un temps plus ou moins long et ne présente pas les signes de la congestion des membranes externes. Dans le glaucome chronique, l'iridectomie est indiquée si, à l'inspection ophthalmoscopique, la pupille et les vaisseaux n'ont pas atteint un haut degré d'atrophie. L'insuccès de l'opération, dans les cas de glaucome chronique ancien, tient précisément à cet état morbide avancé de l'extrémité du nerf optique et des vaisseaux centraux. »

Dans la majorité des cas, la névralgie qui accompagne l'affection glaucomateuse disparaît après l'iridectomie.

Les phénomènes d'excavation de la papille, de la coloration verdâtre, de la pulsation spontanée des vaisseaux, du crochet des veines, indiqués par les auteurs comme caractéristiques du glaucome, peuvent manquer, tandis qu'on doit regarder, comme plus constant, l'état filiforme des artères et des veines, au moins sur le plan de la papille, ainsi que la brièveté de leur cours.

Cette déviation des vaisseaux, précurseur de l'atrophie qui termine le glaucome ancien, doit être considérée comme la conséquence de l'excès de pression des humeurs accrues en quantité, et de l'étranglement de l'extrémité du nerf optique , par le cercle choroïdien engorgé ou hypertrophié.

L'opération, en faisant cesser cet état, porte remède direct à la cause prochaine de la maladie.

Le succès de l'iridectomie est lié pour la plus grande part à la quantité de sang perdue dans l'opération et à l'étendue du lambeau iridien emporté.

Après l'opération, la chambre antérieure étant plus ou moins complétement abolie, la convexité du bulbe diminue, et les malades retirent un avantage sensible de l'usage des verres de presbyte des numéros intermédiaires.

Dans ses leçons, publiées dans le *Medical Times*, juillet 1864, Wharton Jones ne se montre pas très-favorable à l'iridectomie. Il attribue une bonne part du résultat obtenu à la section de la cornée. Il suppose que l'excision d'un lambeau de l'iris et l'évacuation consécutive d'une petite quantité de sang, diminue la congestion de la choroïde et de la rétine. Dans les cas rebelles d'ophthalmie antérieure ancienne, il n'ajoute qu'une confiance extrêmement limitée à l'iridectomie, et préfère de beaucoup le traitement médical.

L'iridectomie peut être avantageusement pratiquée dans certains cas d'ophthalmie chronique antérieure interne, avec adhésion étendue du bord pupillaire de l'iris à la capsule du cristallin.

Ici on comprend qu'un effet de l'opération est réellement d'établir une communication plus large entre les chambres antérieure et postérieure de l'humeur aqueuse.

Tel était l'état de la question, lorsque l'attention de la Société de chirurgie fut portée sur ce sujet, par la présentation d'un malade chez lequel M. Richet avait pratiqué l'opération de l'iridectomie. — La discussion qui s'est élevée à cette occasion est trop importante, trop d'hommes éminents y ont pris part, pour qu'il ne soit pas nécessaire de la relater ici.

Séance du 17 août 1864. — C'est M. Follin qui, le premier, prit la parole. Il établit que l'iridectomie donne de bons résultats dans le glaucome aigu, où elle est très-préférable à la simple paracentèse cornéale, et que dans le glaucome chronique elle donne des résultats moins satisfaisants ; qu'il faut quelquefois la répéter. Il remarque ensuite que dans l'irido-choroïdite glaucomateuse, cette opération peut rendre de très-utiles services. Il conclut de la manière suivante :

1° L'iridectomie contribue à diminuer la tension oculaire en débridant l'œil et en modifiant la sécrétion des liquides intra-oculaires ;

2° Elle est indiquée dans tous les cas où il y a primitivement eu excès de tension intra-oculaire et dans d'autres affection des yeux qui se compliquent d'une pression exagérée des liquides de l'œil.

Séance du 31 août. — M. *Perrin* fait suivre la présentation d'un malade opéré par l'iridectomie de quelques réflexions dans lesquelles il déclare que l'opération ne peut rétablir l'état de la vision dans le glaucome qu'autant que la papille du nerf optique n'est pas encore excavée. — Cette opinion est combattue par M. *Follin*, qui pense que, malgré un degré assez avancé d'excavation, l'iridectomie peut encore réussir.

M. Foucher, dans la séance suivante, prend la parole et s'en réfère entièrement, pour les indications, à ce qui a été dit par M. Follin.

Dans la séance du 24 septembre 1864, M. Dolbeau examine les différents cas d'application de l'iridectomie aux maladies du globe occulaire. D'après lui, elle n'est pas aussi nécessaire que le prétendent nombre de chirurgiens et peut être suppléée par l'opération d'Hancock, sur laquelle j'aurai tout à l'heure à appeler l'attention. L'iridectomie lui paraît d'une utilité plus que douteuse dans les inflammations chroniques de l'œil.

M. Giraldès combat ce qu'il appelle le scepticisme de M. Dolbeau, et cite le fait de Benjamin Brodie se soumettant à l'iridectomie pour arrêter les progrès d'une cataracte glaucomateuse.

Dans la séance du 27 septembre 1864, M. Le Fort niant les résultats avantageux de l'iridectomie dans le glaucome chronique très-avancé, en constate les heureux résultats dans le glaucome aigu. Il donne cependant la préférence au procédé d'Hancock.

Il est utile, je crois, de produire ici les statistiques qu'il en a données.

ÉTAT DE LA VUE AVANT L'IRIDECTOMIE.						RÉSULTAT DE L'OPÉRATION.					
Vision nulle.	Perception de la lumière seulement.	Perception de l'ombre des objets.	Vision des objets.	Lecture possib.	Aggravation	Sans amélioration.	Perception de la lumière	Perception de l'ombre des objets.	Vision des doigts et objets.	Lecture	Amélioration non déterminée.
Glaucome chronique à marche continue (durée de deux ans et au delà).											
1,7,10,15,17,18,32	2,24,25,26	5,8,11,13,20,22,23,53		6,33	20	1,2,5,6,10,11,13,15,18,21,22,23,25,26,32,53	8,17	7			33
Glaucome chronique avec attaques antérieures (durée de deux ans et au delà).											
30,34,65	36,37,38,39,43,44,45,63	40	66	35		37,65	66		30,34,39,43	38	63	35,36,40,44,45
Glaucome chronique à marche continue (durée de six mois à deux ans).											
	29	12,14,16,19,27	28			14,16,19,29			12,27		28
Glaucome chronique avec exacerbations aiguës (durée de six mois à deux ans).											
48,57,58,77	31		49			31,57,58,77	48				49
Glaucome à marche lente (durée d'un à six mois).											
	24,83,84	3	4,55,56			4			3,24,83,84	55	56
Glaucome avec exacerbations aiguës (durée d'un à six mois).											
46,61,72,75,78	52,67,79	9,41,42,51,54,74,82	50,62,68,80,81	47	79	9,41,42,46,52,61,78		72	74,75,82	50,62,67,68	47,51,54,80,81
Glaucome aigu (durée moindre d'un mois.)											
71	59,76	60,64	69,70	73					59,71,76	60,64,69,70	73

Statistique des opérations d'iridectomie pratiquées à London ophthalmic hospital du mois de mai 1857 au mois de septembre 1859, et insérée par M. Bader dans les Ophthalmic hospital reports, janvier 1860.

Glaucome chronique à marche continue. Durée, deux ans et plus, 21 cas. Vue perdue au moment de l'opération, 7 cas : sans amélioration, 5 ; perception recouvrée, 1 ; vision de l'ombre des objets, 1.

Perception de la lumière conservée, 4 : sans amélioration, 4.

Perception de l'ombre des objets, 8 : sans amélioration, 6 ; perception lumineuse, 1 ; aggravation, 1.

Lecture encore possible, 2 : sans amélioration, 1 ; amélioration légère, 1.

En résumé, aucun malade n'a été amélioré d'une manière utile, sauf un seul, qui pouvait encore lire avant l'opération.

Glaucome chronique avec attaques aiguës passagères. Durée, deux ans et plus : 14 cas. Vision perdue avant l'opération, 3 cas : sans amélioration, 1 ; vision de l'ombre des objets devenue impossible, 2.

Perception lumineuse conservée, 8 : sans amélioration, 1 ; vision de l'ombre des objets, 2 ; amélioration légère, 3 ; vision des objets, 1 ; lecture possible, 1.

Perception des ombres, 1 : amélioration légère.

Vision des objets, 1 : sans amélioration.

Lecture possible, 1 : amélioration légère.

En résumé, vision des objets, faculté de lire, rendue à deux malades n'ayant plus que la perception qualitative de la lumière; vision des objets, faculté de lire, probablement conservée à deux malades. Aucune amélioration utile pour les dix autres.

Glaucome chronique datant de six mois à deux ans; marche graduelle : 7 cas.

Perception lumineuse conservée, 1 cas : sans amélioration.

Perception de l'ombre des objets, 5 : sans amélioration, 3; perception des objets, 2.

Vision des objets conservée, 1 : amélioration légère.

1 malade amélioré, 2 pouvant voir les objets dont ils ne pouvaient apprécier que l'ombre; les 4 autres sans amélioration.

Glaucome chronique de six mois à deux ans, avec attaques aiguës accidentelles : 6 cas.

Vision perdue avant l'opération, 4 cas : sans amélioration, 3; lumière perçue, 1.

Lumière encore perçue, 1 : sans amélioration.

Vision des objets, 1; légère amélioration.

En résumé, l'opération ne fut un peu utile qu'à un seul malade.

Glaucome de un à six mois; marche graduelle : 7 cas.

Perception lumineuse conservée, 3 cas : vision des objets retrouvés, 3.

Perception de l'ombre, 1 ; vision des gros objets.

Vision des objets, 3 : sans amélioration, 1 ; amélioration légère, 1 ; lecture possible, 1.

Un seul des malades ne fut pas amélioré ; 4, à peu près aveugles, retrouvèrent la faculté de voir les objets, et sur 2 opérés pouvant auparavant reconnaître certains objets, 1 fut amélioré, l'autre retrouva le pouvoir de lire.

Glaucome de 1 à 6 mois ; attaques glaucomateuses intercurrentes, 21 cas.

Vision perdue avant l'opération, 5 cas : sans amélioration, 3 ; perception des ombres, 1 ; perception des objets, 1.

Perception lumineuse conservée, 3 : aggravée, 1 ; sans amélioration, 1 ; lecture possible, 1.

Perception des ombres, 7 : sans amélioration, 3 ; légère amélioration, 2 ; vision des objets, 2.

Vision des objets conservés, 5 : légère amélioration, 2 ; lecture possible, 3.

Lecture possible, 1 : légère amélioration.

Sur 4 malades presque aveugles, 3 purent retrouver la faculté de distinguer les objets et 1 le pouvoir de lire ; sur 5 autres opérés pouvant distinguer les objets, 2 furent améliorés et 3 purent lire l'imprimé ordinaire.

Les autres ne furent pas améliorés d'une manière utile, mais presque tous étaient à peu près aveugles avant l'opération.

Glaucome aigu ayant moins de 1 mois.du durée, 8 cas.

Vision perdue, 1 cas; vision des objets; perception lumineuse, 2; vision des objets, 2; perception des ombres, 2; lecture possible, 2; perception des objets, 2; lecture possible, 2; lecture possible, 1; amélioration.

Amélioration constante et souvent remarquable : sur 5 malades presque aveugles, 3 purent retrouver la faculté de voir les objets, les 2 autres celle de lire, et 2, qui ne pouvaient que reconnaître les objets, purent lire après l'iridectomie.

Si nous mélangeons indistinctement tous les faits, nous en tirerons, d'une manière peu utile du reste, le résumé suivant :

Aggravation	2
Sans amélioration.	35
Amélioration n'allant pas jusqu'à rendre la vision des objets.	15
Faculté de voir les objets rendue au malades.	13
Faculté de lire rendue aux opérés. . . .	10
Vision des objets conservés et améliorés.	5
Lecture plus facile qu'auparavant. . . .	4
	84

Dans plus de la moitié des cas l'état des malades a été amélioré, soit que l'opération ait augmenté l'acuité et l'étendue de leurs facultés visuelles, soit qu'elle ait augmenté aussi l'étendue de leur champ visuel, rétréci parfois à un tel degré qu'un point limité de la rétine était seulement resté impressionnable.

Dans 35 cas cependant sur 84 il n'y eut aucune amélioration; mais, s'il n'y a pas eu rétrocession, il y a eu probablement pour un certain nombre arrêt de la maladie par le fait de l'opération. Dans beaucoup de ces cas, du reste, l'iridectomie eût dû peut-être ne pas être faite, car il s'agissait de glaucome chronique chez des malades à peu près ou complétement aveugles.

STATISTIQUE DE FRŒBELIUS (SAINT-PÉTERSBOURG).

	AVANT L'OPÉRATION.				APRÈS L'OPÉRATION.					
Vision nulle.	Perception de la lumière.	Perception de l'ombre des objets.	Vision des doigts et des objets.	Lecture n° de Jæger.	Sans amélioration.	Perception de la lumière.	Vision des doigts.	Vision des petits objets.	Lecture n° de Jæger.	Amélioration légère.
Glaucome aigu sans attaques antérieures.										
2	3,4	1	1	5[15], 6[20], 10[15]				8	1[5], 2[10], 3[5], 4[5], 5[5], 6[10], 7[5], 10[5']	9
Glaucome aigu avec attaques antérieures.										
11	13,14			11[20]	12	11	14		13[20]	
Glaucome chronique.										
18, 20			16, 21	15[20], 17[18], 19[20]	17, 18, 20, 21				15[16], 19[5]	16

Statistique de Frœbelius (Saint-Pétersbourg).

Glaucome chronique de 6 mois à 6 ans, 7 cas.
Vision nulle, 2 cas ; sans amélioration, 2.
Vision des objets conservés, 2 ; sans amélioration, 1 ; légère amélioration, 1.
Lecture possible, 3 cas ; sans amélioration, 1 ;
amélioration, 2.
2 malades furent améliorés et purent lire, l'un
le n° 5, l'autre le n° 16 de l'échelle de Jaeger, mais
tous deux, avant l'opération, lisaient le n° 20.

Glaucome aigu avec attaques antérieures, 4 cas.
Vision nulle, 1 cas ; retrouve la perception de la
lumière.
Perception lumineuse conservée, 2 ; peut compter les doigts, 1 ; lit le n° 20 de Jaeger, 1.
Lecture du n° 20 conservée ; pas d'amélioration.
2 malades furent réellement améliorés, tous deux
étaient presque aveugles ; l'un peut compter les
doigts, l'autre lire le n° 20 de Jaeger.

Glaucome aigu simple, 10 cas.
Vision nulle, 1 cas ; lit le n° 5.
Perception des ombres conservée, 1 ; lit le n° 5.
Faculté de compter les doigts, 2 ; légère amélio-
ration, 1 ; lit le n° 3.
Faculté de voir les objets, 1 ; légère amélioration.
Lecture encore possible, 3 ; 1, lisant le n° 20, peut

lire le n° 10 ; 1, lisant le n° 15, peut lire le n° 10 ; 1, lisant le n° 13, peut lire le n° 8.

Amélioration constante et remarquable de la vue ; 4 malades à peu près ou tout à fait aveugles pouvant lire le n° 5 de Jaeger, tel fut le résultat de l'iridectomie dans ces cas de glaucome aigu.

L'iridectomie semble à M. Lefort devoir être proscrite dans les cas de glaucome chronique datant de plus d'une année lorsqu'il y a perte absolue de la faculté visuelle. Il n'y a d'exception qu'en cas de douleurs très-vives *intra* ou circumorbitaires.

Iridectomie dans d'autres affections oculaires autres que le glaucome statistique de Hulke.

Irido-choroïdite. — Vision nulle, 3 cas ; 1 sans amélioration ; 1, avec grande amélioration, lit le n° 16.

Perception de la lumière, 5 cas : 2 sans amélioration ; 1 distingue les doigts, 1 lit le n° 6 de Jaeger, 1 lit le n° 1 de Jaeger.

Faculté de compter les doigts, 3 : 1 sans amélioration ; 1 légère amélioration ; 1 lit le n° 4.

Faculté de lire, 1 cas : 1, lisant le n° 18, lit le n° 16.

Résumé, 12 cas : 4 sans amélioration, 3 avec amélioration, 1 avec grande amélioration, 4 avec très-grande amélioration.

Choroïdite aiguë suppurative. 2 cas, tous deux avec perception de la lumière : 1 sans amélioration, 1 dans un état plus fâcheux.

Iritis aiguë. — 1 cas : peut compter les doigts, lit ensuite le n° 1 de Jaeger.

Iritis chronique. — Vision nulle, 1 cas ; lit le n° 16.

Perception de la lumière, 1 cas ; lit le n° 20.

Perception des doigts conservée, 2 cas; 1 sans amélioration, 1 avec une grande amélioration.

Pouvaient encore lire, 4 malades : 1, lisant le n° 18, ne fut pas amélioré ; 1, lisant le n° 16, eut son état aggravé ; 1, lisant le n° 15, put lire le n° 3 ; 1, lisant le n° 12, put lire le n° 4.

En résumé, 8 cas d'iridectomie pour iritis chroniques : 1 fut aggravé, 2 ne furent pas améliorés, 3 éprouvèrent une amélioration notable, 2 éprouvèrent une très-grande amélioration.

L'iridectomie fut faite : une fois pour *ulcère de la cornée et congestion choroïdienne,* 2 fois pour *staphylome,* 3 fois pour *leucoïne* et *cataracte.*

L'extraction de la lentille fut en même temps pratiquée, sauf un des derniers, qui put apercevoir la main; aucun ne fut amélioré.

Dans un cas où l'iridectomie fut faite pour une plaie de la cornée, de l'iris et du cristallin, le malade, qui avait perdu la perception de la lumière, put apercevoir et compter les doigts dans la séance du 5 octobre.

M. Follin reprend la discussion pour protester contre la défaveur que M. Lefort avait cherché à jeter sur l'opération qui nous occupe.

Telle est, en résumé, la discussion de la Société

de chirurgie relativement aux indications de l'iridectomie dans les affections du globe oculaire et du glaucome.

J'y reviendrai du reste encore quand j'aurai à faire un parallèle entre l'irridectomie et l'opération d'Hancock.

Les conclusions que l'on peut tirer de cette discussion me paraissent d'autant plus importantes qu'elles émanent d'hommes habitués à apporter dans leurs jugements une hauteur de vue et une absence d'idées préconçues qu'on ne rencontre jamais chez les spécialistes.

Une indication de l'iridectomie qui présente une assez grande importance est celle qui consiste à remédier à cet état désigné sous le nom d'*affection glaucomateuse* et qui survient chez les individus opérés de la cataracte molle par abaissement.

Parallèlement à cette indication, je dois signaler la précaution prise par un chirurgien de pratiquer préalablement l'iridectomie avant l'opération de l'abaissement.

En somme, si après les indications que je viens de donner, après les opinions des hommes éminents que je viens de passer en revue, il m'était permis de formuler la mienne, je croirais pouvoir considérer cette opération, quelle que soit sa manière d'agir, comme un pas important dans la thérapeutique des lésions suivantes : iritis chronique, irido-choroïdite, glaucome aigu et même glaucome chronique.

Sans doute, dans ce dernier cas, elle n'a pas tous les avantages qu'elle a dans le glaucome aigu, mais elle peut, en somme, avoir pour résultat, sinon d'arrêter complétement la maladie, du moins d'en ralentir la marche.

Ne servît-elle, dans ces différents cas, qu'à produire la diminution des douleurs, ce serait déjà une chose fort importante.

Mais nous la voyons en outre assez souvent produire une guérison presque complète : la paracentèse cornéale a une action bien plus fugace, et l'opération d'Hancock a un mode d'action qui nous paraît en quelque sorte trop mystérieux pour qu'il nous soit possible d'en bien apprécier les résultats, malgré les statistiques données.

Quant aux moyens médicaux employés pour la thérapeutique du glaucome, ils ne supportent pas la comparaison.

En somme, les cas de phlegmasie oculaire dans lesquels l'iridectomie me paraît devoir être employée sont le glaucome aigu, où elle peut procurer une guérison radicale, le glaucome chronique, où elle offre la chance d'enrayer la maladie ou d'enlever les douleurs, l'irido-choroïdite, l'iritis à récidive, l'iritis chronique, l'iritis sympathique (Ravignot) et l'iritis syphilitique.

*Iridectomie comme précédant l'extraction linéaire du
cristallin.*

L'idée première en revient à de Graefe, qui, dans
les *Archives d'ophthalmologie*, formulait la proposi-
tion suivante (1856) : « Si quelqu'un avait l'idée d'ouvrir, quelques semaines avant l'extraction, une pupille artificielle en haut, comme cela m'a été proposé plus d'une fois, je n'y trouverais, quant à moi,
rien à dire, si ce n'est que cette précaution serait
superflue dans la plupart des cas. » Le personnage
hypothétique, supposé par de Graefe, était sans
doute M. Mooren.

Schuft (Berlin, 1860, pages 159-163) est un de
ceux qui ont le plus contribué à vulgariser cette
méthode.

Il recommande, après avoir taillé le lambeau de
la cornée, de pratiquer l'excision de l'iris, et puis
l'extraction, séance tenante, du cristallin.

Mooren, dont le travail (*Die Vermunderten Gesah-
reneiner horn haut vereiterung beider staar extraction ;*
Berlin, 1862) a été analysé par Wecker dans les
Annales d'oculistique (avril 1862), avait été conduit à
pratiquer l'iridectomie par l'observation de deux
cas où, sans idée préconçue, il l'avait faite pour
prévenir les dangers d'une contusion de l'iris sur-
venue pendant l'extraction de la cataracte. Il conseille d'ouvrir une pupille artificielle quinze jours
avant la kératotomie dans les cas suivants : chez les

sujets qu'un état de marasme sénile très-prononcé ou des congestions vers la tête empêchent de s'aliter pendant un certain temps, si la pupille obéit mal à l'action dilatante de l'atropine, si la cataracte présente un noyau plus volumineux, entouré de masses corticales abondantes.

En 1863, Jacobson, dans un travail sur l'iridectomie publié à Berlin, conseille de réunir les deux temps de l'opération en pratiquant l'iridectomie après la sortie du cristallin pour éviter le danger des manipulations du globe oculaire après l'incision de la cornée, tandis que Mooren voulait, dans le travail déjà cité, qu'on appliquât cette opération avant de terminer la section du lambeau cornéen. Il prétend, sur 100 cas d'extraction linéaire avec iridectomie, n'avoir eu que 2 cas défavorables.

Taylor (*Bristish medical journal*, 1864, p. 539) se montre très-partisan de ce mode opératoire et cite des observations à l'appui de sa manière de voir, observations que l'on trouvera à la suite.

Plessig a publié dans le *Journal médical de Saint-Pétersbourg* (1864, p. 129) un travail dans lequel il se montre favorable à l'iridectomie dans l'extraction linéaire, mais il l'a fait avant l'extraction.

Critchett (*Annales d'oculistique*, 1864, 8e série, page 125) recommande, comme étant de lui, l'opération de Schuft et y apporte quelques modifications peu importantes.

Les statistiques tendraient à prouver que, dans l'opération de la cataracte combinée avec l'iridectomie, il n'y a eu que 2 insuccès immédiats sur 100 cas, tandis que, pour l'opération ordinaire, il y en aurait eu 10. Sans parler des opérations consécutives, qui deviennent quelquefois nécessaires, c'est certes là un avantage assez considérable pour ne pas le mettre en balance avec le léger trouble de la vision qui résulte des excisions de l'iris, trouble qui ne se produit pas quand on fait l'iridectomie supérieure, comme Mooren, au lieu de la faire en bas avec Jacobson, car alors la paupière supérieure recouvre la nouvelle pupille.

C'est cependant une opération qui n'est pas aussi généralement employée en France qu'elle l'est en Allemagne.

Les avantages que nous venons de signaler, la possibilité d'extraire complétement les débris de cataracte restés dans l'œil et susceptibles de déterminer une irido-choroïdite chronique, nous paraissent devoir la faire préférer dans les cas où il y a une débilité générale. De Graefe la recommande surtout pour extraire les cataractes qui n'ont point encore acquis leur maturité. Reste à savoir s'il faut pratiquer l'iridectomie un certain temps, dix, quinze jours avant l'extraction, ou la faire dans la même séance ; l'écoulement sanguin qui accompagne souvent l'excision de l'iris doit, il me semble, notablement gêner pour l'extraction. S'il n'y a pas d'hémorrhagie, il n'y a aucun inconvénient à pratiquer cette opération dans la même séance.

Il est bon de dire quelques mots sur le rapprochement entre l'iridectomie et l'opération d'Hancock; mais ici je tiens à citer textuellement le passage de l'auteur : «J'introduis, dit-il, un couteau à cataracte dans la partie inférieure externe des bords de la cornée à l'union de cette membrane avec la sclérotique; la pointe du couteau, poussée obliquement d'avant en arrière et de haut en bas, jusqu'à ce que les fibres de la sclérotique soient divisées obliquement dans une étendue d'environ un huitième de pouce. On divise ainsi le muscle ciliaire. Le sang s'écoule le long de la lame du couteau : cette opération est rarement suivie d'accidents fâcheux. Dans un seul cas, j'ai vu survenir un peu d'inflammation, mais qui a promptement disparu. L'iridectomie par le procédé d'Hancock, dite section du tenseur de la choroïde, a paru à M. Follin ne pas pouvoir entrer en ligne de compte avec l'iridectomie; il lui reproche, comme plusieurs chirurgiens, d'être une opération dans laquelle on va en quelque sorte en aveugle, et en supposant qu'on agisse sur le muscle de Brucke, de le diviser parallèlement à ses fibres, c'est-à-dire sans pouvoir en obtenir le relâchement. M. Richet au contraire, d'après les faits de sa pratique, est porté à accorder une bien plus grande confiance à l'opération d'Hancock. (Société de chirurgie, séance du 7 septembre 1864.)

M. Giraldès (séance du 21 septembre 1865) se montre très-défavorable à l'opération d'Hancock.

Je citerai ensuite textuellement une partie de

l'important discours de M. Lefort. Depuis le mois de septembre 1859, époque où il l'imagina, jusqu'au mois d'octobre 1860, M. Hancock pratiqua 31 fois son opération dans des cas de glaucome; quinze par lui, dans *the Lancet*, et les résultats dans ces observations ont été publiées *in extenso*. Ces 31 cas se partagent de la manière suivante :

  10 n'eurent aucune amélioration;

    6 recouvrèrent la faculté de percevoir la lumière;

    5 purent reconnaître divers objets, comme clefs, crayons, etc.;

  10 purent lire, et aucun de ces malades ne pouvait avant l'opération distinguer une seule lettre.

Si nous mettons en regard de ces faits ceux recueillis à London ophthalmie Hospital, et dans lesquels l'iridectomie a été faite, en ramenant à 100 le chiffre des opérés, nous trouvons :

	Iridectomie.	Opération d'Hancock
Aggravation par l'opération....	2	»
Sans amélioration notable pour la vue......................	70	51
Vision des objets rendue au malade......................	15	16
Faculté de lire rendue à l'opéré.	12	32

Le *Medical Mirror* de 1865 contient d'intéressantes remarques de M. Power relativement à l'opération d'Hancock, qu'il trouve parfaitement inoffensive; elle a sur l'iridectomie l'avantage de ne pas produire de déchirure de l'iris, de ne point déterminer d'hémorrhagie ni d'écoulement d'humeur vitrée. Le résultat est pour lui tout aussi bon. En somme, il propose de substituer le débridement du muscle ciliaire pour tous les cas où l'iridectomie était jusqu'à présent employée pour la cure des inflammations du globe oculaire.

En somme, cette opération d'Hancock a eu de bons résultats, on ne peut le nier, mais de là à la mettre en parallèle avec l'iridectomie il y a une grande distance. A quelle indication peut-elle répondre? Je crois qu'elle ne peut agir qu'en débridant le muscle de Brucke, et encore quel est son mode d'action, puisqu'on incise dans le sens des fibres? Je pense donc que l'iridectomie lui est bien préférable dans la majorité des cas, bien que l'opération que M. Richet a désignée sous le nom de l'iridotomie ait donné des succès incontestables. Si on voulait donner à l'incision du muscle ciliaire une étendue suffisante, il faudrait sans doute inciser la capsule.

CONTRE-INDICATIONS.

Nous ne citerons guère, comme contre-indications, que des lésions trop avancées de la rétine, une excavation très-prononcée de la pupille, et encore dans ces circonstances l'iridectomie pourrait, à la rigueur, être employée comme moyen de soulager les douleurs.

MANUEL OPÉRATOIRE.

Voici le manuel opératoire tel que nous le trouvons décrit dans le 2e volume du *Traité théorique et pratique des maladies des yeux* du Dr Desmarres (Paris, 1855, pages 526 et suivantes).

Les instruments nécessaires sont les suivants pour opérer sur le côté externe de l'œil :

1° Un couteau à cataracte ou un couteau lancéolaire droit,

2° Une pince droite,

3° Une paire de ciseaux légèrement recourbés.

Si l'on opère du côté interne, les mêmes instruments doivent être recourbés sur le plat. Comme accessoires, il faut avoir deux élévateurs de paupières, une pince à mors fermant par simple pression, destinée à fixer l'œil ; un couteau étroit et mousse, une érigne à manches, des éponges sèches et des linges fins.

La position à donner au malade, aux aides et au chirurgien, doit être la même que dans l'opération de la cataracte. Mais, comme il est nécessaire ici que le corps et l'œil du malade soient dans un état d'immobilité aussi absolu que possible, il est plus prudent de le mettre dans le décubitus dorsal; en lui soulevant la tête sur des coussins, un aide applique les mains sur les tempes et le fixe ainsi :

L'opérateur soulève la paupière supérieure avec l'élévateur, qu'il confie à un aide, saisit la conjonctive bulbaire avec la pince à ressort du côté opposé à celui où la pupille doit être pratiquée, et confie cet instrument à l'aide qui tient déjà l'élévateur.

L'opération se compose de trois temps :
1° Ponction,
2° Manœuvre de la pince,
3° Excision.

1ᵉʳ *temps*. — Le chirurgien abaisse la paupière inférieure d'une main s'il opère dans le bas de la cornée, et de l'autre fait sur la cornée une ouverture de 5 à 6 millimètres; le couteau lancéolaire est approché doucement de cette membrane à 1 millimètre environ de la sclérotique, dans un endroit qui corresponde à la portion de la pupille naturelle conservée. Le couteau est d'abord enfoncé perpendiculairement à la cornée; puis, lorsqu'il a penché dans la chambre antérieure, on le dirige parallèlement à l'iris et on le pousse ainsi jusqu'à ce que l'ouverture ait 5 à 6 millimètres d'étendue. Dans le cas où l'incision ne paraît pas suffisante, on presse en retirant l'instrument sur l'une des extrémités.

Comme en général la ponction de la cornée est suivie d'une certaine opacité qui peut s'étendre plus ou moins loin, Bénédict et Desmarres recommandent de faire plutôt la ponction sur la sclérotique.

2e temps. — Par la plaie de la cornée, la pince est introduite dans la chambre antérieure, en ayant soin de diriger la concavité en avant, de manière à ne pas blesser la capsule, ce qui pourrait déterminer son opacité. La pince est introduite fermée et poussée jusqu'à ce qu'elle ait un peu dépassé la marge pupillaire.

Arrivé là on l'ouvre, et l'iris se présente entre ses branches, qui sont de suite rapprochées.

La pince est ensuite retirée avec les mêmes précautions que lors de l'introduction, c'est-à-dire en tournant la concavité en avant.

On continue ensuite à tirer sur l'iris pour que l'excision de cette membrane porte sur la portion opposée à la section de la cornée.

3e temps. — Il consiste dans l'excision de l'iris, ce qui ne présente aucune difficulté : on peut confier cette excision à un aide ou la pratiquer soi-même. Dans ce cas, on abandonne la main qui abaissait la paupière, et on s'en sert pour prendre des ciseaux courbes, dont la concavité regardera en

avant quand on appliquera les branches sur la
cornée.

Il faut avoir soin de ne pas exercer avec les pinces
des tractions trop fortes sur l'iris, sous peine de le
déchirer ; enfin la portion saillante de l'iris est saisie
entre les branches de l'instrument et exisée au
niveau de la plaie de la cornée ou de la sclérotique :
tel était le manuel opératoire de l'iridectomie dans
le cas où elle n'avait pour but que de rétablir une
pupille oblitérée ; mais, lorsqu'elle a été appliquée à
la cure du glaucome, cette opération a dû subir
quelques modifications. Voici les règles que recommande de Graefe et qui sont trop importantes pour
que je ne croie pas nécessaire de les citer *in extenso* :

« 1° La ponction doit être aussi excentrique que
possible, de manière que la plaie externe tombe sur
la sclérotique à une demi-ligne de la cornée et la
plaie interne à la jonction de la cornée et de la sclérotique. Il est possible de cette manière d'exciser
l'iris jusqu'à son insertion ciliaire : cette condition
paraît nécessaire pour achever le résultat de l'opération, ou tout au moins elle le rend plus certain,
comme de plus l'iris est ordinairement très-rétréci
par suite de la dilatation de la pupille ; le lambeau
excisé serait trop petit si l'ouverture interne de la
plaie dépassait le bord de la cornée.

« 2° Le lambeau excisé doit être aussi large que
possible : c'est pourquoi il faut faire usage d'une
lance large et l'enfoncer assez profondément : c'est
en cela que l'opération diffère de celle de la pupille

artificielle, que l'on pratiquerait par exemple dans un cas de leucome adhérant et pour laquelle on préfère les excisions moyennes aux excisions larges.

«Plus la maladie est intense, plus l'excision devra être considérable. Quant à l'endroit où l'excision devra être faite, le choix en est assez indifférent. J'ai l'habitude de la faire en dedans. Si l'on voulait éviter de défigurer les malades, considération que leur âge rend ordinairement assez peu importante, on pourrait pratiquer l'excision en haut; cependant l'altération produite par un coloboma en dedans est peu sensible et passe presque inaperçue pour des yeux de couleur foncée. L'excision supérieure est difficile; elle exige une plus forte rotation du bulbe avec l'ophthalmostat, ce qui peut nuire lorsqu'il y a inflammation vive.

«3° Il faut laisser écouler l'humeur aqueuse lentement et avec précaution, car un changement trop subit de pression pourrait facilement donner lieu à des hémorrhagies considérables soit des membranes internes, soit des chambres de l'œil; la tendance aux hémorrhagies est moindre dans ce cas, il est vrai, que dans l'irido-choroïdite ordinaire avec atrophie du bulbe; la raison en est qu'une pression assez forte subsiste encore à l'intérieur du bulbe après l'écoulement de l'humeur aqueuse, ce qui n'est pas le cas dans l'irido-choroïdite.

«Aussi dans le glaucome les hémorrhagies sont moins abondantes, et le sang épanché ne forme pas de caillot étendu difficile à être résorbé.

«Mais il y a, par contre, dans les affections glaucomateuses une grande tendance aux ruptures des
vaisseaux, peu importe qu'elle provienne de l'altération des parois vasculaires ou de l'engorgement
veineux qui précède celles-ci.

«J'ai déjà parlé plusieurs fois de la production
d'ecchymoses rétiniennes ; ce fait seul doit engager
à être prudent.

«J'ai l'habitude d'exercer une légère pression
avec le doigt sur le globe de l'œil pendant l'écoulement de l'humeur aqueuse, et peu de temps après
l'opération j'applique un léger bandage compressif qu'on enlève avec précaution quelques heures
après.

«Je n'ai point trouvé qu'il fût nécessaire d'employer de traitement consécutif, même dans les cas
où l'opération fut faite lorsque l'inflammation était
des plus intenses ; les symptômes inflammatoires
disparurent toujours spontanément.

«Cependant un traitement antiphlogistique pourrait être exceptionnellement indiqué dans des cas
de ce genre pour accélérer la terminaison de l'inflammation.

«Il est aisé de comprendre qu'il faut protéger plus
longtemps les yeux contre la lumière et qu'il faut
en général plus de précautions que pour une opération de pupille artificielle » (1).

(1) *Annales d'oculistique*, vol. XXXIX, XL, 1re partie, p. 277 ;
1858.

Voici les règles de l'opération de l'iridectomie que j'emprunte au Dr Josef Pilz dans son livre intitulé : *Lehrbuch der Angenheilkunde* ; Prague, 1859.

Les règles à observer quant au lieu où il faut pratiquer l'excision sont les suivantes :

Pour le cas où l'on fait l'iridectomie comme temps préparatoire de l'extraction de la cataracte on ne doit pas exciser l'iris dans sa périphérie.

Dans le cas de conicité de la cornée il faut faire l'inverse ; il faut autant que possible tout inciser le sphincter de l'iris, de manière qu'il en résulte un élargissement en quelque sorte spontané de cette membrane.

Pour l'exécution de l'iridectomie il faut se servir, en fait d'instruments, de la lancette ou du couteau à cataracte, des ciseaux de Louis et de Daviel, du crochet à iris et des petites pinces qui figureront dans les planches.

Le patient doit être assis ou couché pendant l'opération ; il n'y a pas de préparatifs particuliers à faire ; le malade doit rester tranquille au lit pendant deux ou trois jours. C'est la portion d'iris à exciser qui détermine la manière de tenir l'instrument.

Il est nécessaire de tenir le couteau, le crochet et les pinces de la main avec laquelle il est le plus facile de glisser ces instruments vers la partie du bord pupillaire que l'on veut atteindre.

L'opérateur se sert de l'autre main pour fixer la paupière inférieure ou pour tenir l'ophthalmostat, sauf à les confier à l'aide lorsque l'opérateur se sert de sa main pour prendre les ciseaux.

L'opération se divise en deux parties : 1° incision de la cornée, 2° section et extraction d'une partie de l'iris.

Le premier acte se fait avec la lancette ou le couteau à cataracte.

Si l'on veut faire la pupille vers la partie inférieure et interne, on fera bien de se servir du couteau courbe. Il faut avoir soin de toujours tenir le côté plat de l'instrument parallèle à l'iris lorsqu'on l'introduit.

La piqûre doit tomber tout près du bord de la cornée, quelquefois pourtant elle doit se trouver à une distance de 1 et demi à 2 millimètres de la sclérotique, par exemple dans le cas de cataracte stratifiée ou schicht, et même quelquefois plus loin, pour laisser intacte la portion périphérique de l'iris.

La direction de l'incision doit toujours tomber sur le milieu de la partie pupillaire que l'on veut extraire ; l'incision doit avoir 1 ligne et demie à 2 lignes.

Les piqûres intérieure et extérieure doivent avoir la même longueur et ne pas être trop éloignées l'une de l'autre. Lorsque la piqûre est achevée, on glisse le couteau entre la cornée et l'iris jusque vers le bord pupillaire, puis on le retire lentement, tandis que l'on soulève un peu le manche.

Il ne faut pas retirer le couteau trop vite, sous

peine de s'exposer à manquer la section du sphincter.

Seconde partie de l'opération. — Il faut d'abord introduire un petit crochet ou les pinces à travers l'incision de la cornée, le faire avancer jusqu'à la partie de l'iris que l'on veut saisir, la saisir, la couper et l'extraire.

Si l'on se sert du crochet, qui mérite la préférence pour saisir un bord pupillaire libre, alors il faut le tenir dans le premier acte de l'extraction d'un segment externe ou interne de l'iris, de manière que : 1° la pointe soit dirigée en descendant, 2° qu'il soit pressé contre le bord extérieur de la plaie, et 3° que la convexité en soit toujours dirigée vers le bord supérieur de la plaie.

Ensuite il faut rester exactement dans le champ de l'opération et dans la partie supérieure de la blessure en avançant le crochet.

En troisième lieu, il faut tourner légèrement le crochet dans ses trois doigts, de manière que sa pointe se trouve un peu tournée en arrière, sans quitter pourtant la direction du champ de l'opération.

En quatrième lieu, il importe de retirer légèrement le crochet avec l'iris de la plaie de la cornée, ce qui réussit en observant le conseil de Fr. Jaeger. Aussitôt que la pointe du crochet est arrivée au niveau de la plaie de la cornée, il faut incliner le manche en arrière.

Lorsqu'on a fait saillir l'iris sous la forme d'une pointe, on tourne le petit crochet avec sa pointe en avant, afin d'éviter qu'il ne s'échappe, et il ne dépend plus que de l'opérateur, en attirant plus ou moins la partie saillante, d'amener un morceau plus ou moins grand de l'iris dans les branches des ciseaux, morceau que l'on coupe au ras de la cornée.

La pince mérite la préférence dans les cas où il faut saisir la partie interne du bord pupillaire libre, et où il faut par conséquent manier l'instrument du côté nasal : dans ce cas, il convient surtout d'employer la petite pince de Fischer, qui peut être placée aisément à la racine du nez. La pince mérite encore la préference lorsque le bord pupillaire est réuni à une cicatrice de la cornée.

De Graefe préfère les pinces droites aux pinces courbes lorsque l'iris est fortement tendu. Les pinces doivent être introduites et maintenues fermées jusqu'à ce qu'elles arrivent près du bord pupillaire ; on les ouvre et on les referme en saisissant de l'iris un morceau suffisamment grand que l'on peut retirer sans difficulté.

Quand le bord pupillaire est adhérent, c'est moins celui-ci que la partie de l'iris située auprès qu'il faut enlever du pourtour de l'iris. Wenzel faisait l'iridectomie centrale.

Beer a, le premier, employé l'iridectomie latérale.

Il est évident que lorsqu'on excise une portion de l'iris pour un leucoma la portion à retrancher est formellemnt indiquée par la partie de cornée restée transparente. Lorsqu'on a le choix, comme dans la cataracte, le glaucome, etc., il y a lieu de se demander si c'est en haut ou sur les parties latérales qu'il vaut mieux pratiquer l'excision.

L'iridectomie supérieure est un peu plus difficile, mais elle présente cet avantage que la difformité qu'elle laisse à sa suite est moins choquante et le trouble de la vision moins considérable, parce qu'en général cette portion de l'iris est cachée sous la paupière supérieure latérale.

L'iridectomie externe doit, bien entendu, être toujours préférée, parce qu'elle est plus facile, sauf contre-indication absolue. Pour faire l'iridectomie interne, on peut se servir d'instruments courbes qu'on introduit par-dessus le nez en tenant de la main gauche ceux que pour l'iridectomie externe on tient de la main droite, et *vice versa*.

Je signalerai immédiatement une précaution qui consiste à comprimer légèrement le globe oculaire pour faciliter l'issue de l'iris.

Bowmann (1) indique ainsi le manuel opératoire :

La meilleure position est celle dans laquelle le malade est couché sur le dos, le chirurgien se tenant près de la tête.

Il est bon d'anesthésier le malade. On évitera le plus souvent les vomissements en ayant soin que l'estomac soit complétement vide ; si les vomisse-

---

(1) *Annales d'oculistique*, t. XLIX, 8ᵉ série, t. IX, p. 26 ; 1863.

ments sont très-fatigants et s'accompagnent de la turgescence des vaisseaux de la tête et de la face, il ferme
l'œil et le comprime légèrement à travers la paupière
pendant les efforts de vomissements. Les paupières
sont maintenues écartées par le spéculum à ressort.
Il préfère l'iridectomie supérieure, parce que la paupière supérieure couvre la brèche faite à l'iris, ce
qui est avantageux sous le rapport optique aussi
bien qu'au point de vue plastique.

L'iridectomie latérale est un peu plus facile.

Il exécute l'incision latérale par deux méthodes.

Selon les dimensions de la chambre antérieure,
il se sert autant que possible de la lame triangulaire
coudée à angle; il saisit la conjonctive avec des
pinces dans le point opposé à celui où il doit agir,
il enfonce la lancette de manière à la faire pénétrer
dans la chambre antérieure au niveau de la circonférence, et la pousse jusqu'à ce que l'ouverture ait
une dimension convenable.

Si la chambre antérieure est petite, il emploie un
couteau à extraction étroit et pratique une contre-
ponction, comme dans l'extraction ordinaire.

Lorsque l'on retire l'instrument, l'humeur aqueuse
s'échappe, et pour que cet écoulement ait lieu graduellement il est bon de maintenir la pointe de
l'instrument dirigée plutôt vers la cornée que vers
le cristallin ; l'iris reste dans la chambre antérieure
ou vient faire saillie au dehors. Si le premier cas
se présente, on introduit doucement et fermée la

petite pince courbe, et l'on saisit l'iris vers la partie moyenne de l'incision dans un point intermédiaire entre son bord papillaire et son point d'attache. L'iris amené au dehors est divisé avec de petits ciseaux de son bord pupillaire vers la circonférence d'un côté de la pince; celle-ci le tend légèrement pour faciliter la section complète.

On détache alors de ses attaches ciliaires la portion tenue par la pince jusque vers l'un des angles de l'incision; on le taille même pour le détacher un peu plus loin que cet angle, et alors les ciseaux le coupent à ras.

L'extrémité coupée rentre à l'intérieur de l'œil. On saisit alors la deuxième moitié de la portion d'iris herniée, et l'on se comporte avec elle comme avec la première. Il ne faut laisser aucune portion d'iris dans la plaie, parce qu'elle empêcherait la réunion et provoquerait de l'irritation.

Si l'iris sort spontanément (il vient souvent faire saillie, poussé par l'humeur aqueuse de la chambre postérieure), la pince n'a qu'à le saisir.

S'il s'épanche du sang dans la chambre antérieure, il vaut mieux le faire échapper avant qu'il se coagule. Ceci s'obtient en plaçant une petite curette entre les lèvres de l'incision sans le faire pénétrer dans la chambre antérieure, en même temps que l'on exerce sur l'œil une légère pression avec les pinces chargées de la maintenir. Il ne faut point presser la cornée, dans la crainte de léser le cristallin. Plutôt que de courir ce risque, il est préférable de laisser le sang, qui est bientôt dissout par l'humeur aqueuse et absorbé.

Le procédé que nous venons de décrire amène l'excision d'un segment complet de l'iris de son bord pupillaire à son bord ciliaire. Son étendue est en rapport avec les dimensions de l'excision, qui égale d'ordinaire le 6e ou 7e de la circonférence de la cornée.

Après l'opération, il n'y a guère qu'à maintenir l'œil à l'abri de la lumière tant qu'il reste sensible. On peut le tenir recouvert d'un linge trempé dans l'eau froide tant que cela est agréable au malade.

Dans presque tous les cas, la tension reste diminuée d'une façon permanente. Dans quelques-uns, elle reparaît plus ou moins au bout de quelques jours, pour disparaître de nouveau dès que la plaie est guérie.

Dans quelques autres où elle a duré longtemps, ou bien lorsqu'elle a été excessive, elle ne disparaît pas complétement, quoiqu'elle soit diminuée. Il faut alors, suivant l'état de la vision, recourir ou non à une nouvelle iridectomie. Si la vision a reparu, il ne faut plus rien faire ; en réalité, lorsque l'iridectomie a été bien exécutée la première fois, il est rare qu'il faille y revenir.

J'ai vu dans trois cas où, pour une cause ou une autre, une première iridectomie n'avait pas suffi, une seconde opération ramena l'œil à son degré normal de tension (1).

(1) *Britisch medical Journal*, 11 octobre 1862.

Le manuel opératoire de Pilz est celui qui nous paraît devoir être employé; mais il reste encore une série de questions à résoudre :

Quelle est l'étendue de la portion d'iris que l'on doit enlever lorsqu'on pratique l'iridectomie comme moyen antiphlogistique? — Enlever un cinquième de cette membrane nous paraît devoir être suffisant.

Il faut exciser l'iris jusqu'au bord ciliaire, c'est là un des préceptes les plus importants de Graefe.

Faut-il avant l'opération avoir recours à des substances qui agissent sur l'iris, telles que la belladone qui la dilate, ou la fève de Calabar qui la fait se contracter, dilater la pupille me paraît toujours une circonstance au moins inutile; la resserrer au contraire peut avoir, lorsqu'elle est très-dilatée, de grands avantages.

Il faut pratiquer la ponction sur la sclérotique et non sur la cornée, comme l'a fait observer M. de Graefe. En agissant ainsi et dirigeant le couteau un peu obliquement en avant, on arrive dans la chambre antérieure en rasant exactement l'insertion de l'iris. L'obliquité de l'incision en avant, telle que la lèvre interne est en avant de la lèvre externe, a un double avantage; elle permettra à l'iris de glisser facilement sur cette surface oblique et conduira naturellement le couteau parallèlement à la face profonde de la cornée; aucun relief ne s'opposera à la section du bord ciliaire de la membrane. J'emprunte cette remarque au discours de M. Foucher, séance de la Société de chirurgie du 7 septembre 1864.

Le choix du couteau lancéolaire a une certaine importance; il faut le choisir large.

Il faut bien se garder d'exercer des tractions, si légères qu'elles soient, sur l'iris avec les pinces ou le crochet.

Il est urgent d'exciser du premier coup toute la portion de l'iris que l'on veut retrancher.

Une large excision est non-seulement plus utile, mais encore moins dangereuse.

ACCIDENTS.

L'iridectomie donne lieu à un certain nombre d'accidents qui peuvent être classés en accidents primitifs ou de l'opération, et accidents consécutifs.

Accidents primitifs. — 1° Parmi les accidents primitifs, il en est quelques-uns qui peuvent être attribués à la maladresse du chirurgien; tels sont les défauts dans la section de la cornée ou de la sclérotique.

La section de la cornée ou de la sclérotique peut donner lieu à des accidents pour les motifs suivants :

Elle peut être trop petite, trop perpendiculaire à l'iris, ce qui conduit à blesser celui-ci et à produire un épanchement sanguin trop oblique, ce qui rend la portion interne de l'incision beaucoup plus étroite que l'externe. Enfin il peut arriver que l'incision soit trop en dedans ou trop en dehors.

Lorsqu'on se sert du crochet il peut arriver que le trop d'obliquité donnée à l'incision de la cornée gêne pour l'introduction de cet instrument ; il faut alors le remplacer par les pinces.

En ponctionnant par la sclérotique on est plus spécialement exposé à blesser le corps ciliaire et la capsule, ainsi que les vaisseaux de la conjonctive. Pour parer à cet inconvénient, M. Follin, après avoir commencé la ponction avec le couteau lancéolaire ordinaire, la termine avec un couteau lancéolaire à extrémité mousse.

2° L'iris se déchire quelquefois si facilement que cela devient un obstacle notable à l'opération et empêche de le saisir : cela arrive souvent dans l'iridectomie pratiquée pour le glaucome, où cette membrane a subi une atrophie et des métamorphoses régressives. Cela a d'abord été constaté par de Graefe. Toutefois la déchirure de l'iris est moins à craindre lorsqu'on se sert des pinces, qui restent encore l'instrument le plus convenable pour atteindre cette membrane que lorsqu'on emploie le crochet.

L'iris peut être déchiré au niveau de ses attaches ciliaires.

Quelquefois, au moment où on saisit l'iris, il survient des douleurs très-vives, ce qui doit engager à terminer l'opération le plus tôt possible.

3° Il arrive souvent qu'à la suite de l'excision d'un lambeau de l'iris il se produise une hémorrhagie assez considérable. Elle est généralement mise sur la diminution de tension du globe oculaire.

Cet épanchement, à moins qu'il ne soit très-abondant, ne présente pas de bien grands inconvénients lorsqu'on pratique l'iridectomie comme opération isolée ; il est du reste facile, en entr'ouvrant les lèvres de l'incision que l'on vient de pratiquer à la sclérotique ou à la cornée, de donner issue à l'épanchement sanguin qui vient de se faire dans l'intérieur des chambres de l'œil.

Cet épanchement se résorbe, du reste, assez facilement, mais à une condition toutefois, c'est qu'il ne soit pas accompagné d'inflammation. S'il y a réaction inflammatoire, le caillot sanguin s'enveloppe d'exsudats, contracte des adhérences et se fixe définitivement dans l'œil, et cela sans espoir de le voir jamais disparaître. Mais lorsqu'on pratique l'excision de l'iris comme temps préalable de l'extraction linéaire, on comprend sans peine que le sang, s'épanchant en trop grande quantité, vienne empêcher les manœuvres ultérieures. Aussi, en pareil cas, est-on obligé de remettre la fin de l'opération à une époque assez éloignée : c'est pourquo la plupart des chirurgiens proposent de mettre un intervalle entre les deux opérations.

4° Enfin on a vu s'échapper le corps vitré et le cristallin. Le cristallin s'échappe, du reste, quelquefois consécutivement.

L'écoulement du corps vitré est surtout à craindre dans les cas où l'uvée a été fortement atteinte d'inflammation ou lorsque le cristallin a perdu ses rapports ordinaires. Quand une quantité considérable du corps vitré s'écoule, la cornée s'enfonce et l'iris se retire.

B. *Accidents consécutifs*. — 1° On voit quelquefois survenir l'opacité du cristallin ou de sa capsule, ce qui tient à ce que cet organe a été lésé par les pinces pendant l'opération.

Enfin, lorsque l'iridectomie est faite avec l'extraction linéaire, on voit trop fréquemment survenir des cataractes secondaires.

La pupille peut se refermer ou se resserrer extraordinairement. Cela a surtout lieu lorsque l'iris a subi des inflammations violentes. Dans ces cas, il faut de suite recourir à une seconde opération.

On voit quelquefois survenir des réactions inflammatoires violentes ; toutefois elles ont lieu rarement dans l'iridectomie, et, pour les combattre, il faudra avoir recours à un traitement antiphlogistique énergique.

On a cité, dans ces derniers temps, comme accidents consécutifs, des congestions passagères et l'existence d'ecchymoses de la rétine. Les premières se caractérisent par la photophobie, le larmoiement et le gonflement des paupières : tous ces accidents disparaissent rapidement par un traitement antiphlogistique convenable. Les ecchymoses de la ré-

tine, que de Graefe a constatées après l'iridectomie,
et qu'il dit provenir de la rupture des vaisseaux, se
montrent sous la forme de taches rondes fort régu-
lières, et paraissent provenir exclusivement des
veines centrales de la rétine. Elles existent presque
toujours à la réunion de ces veines avec des branches plus volumineuses; elles sont causées ou par
la suspension subite de la pression dans les cas où
existe une réplétion de l'artère centrale de la rétine,
ou par l'existence d'une prédisposition aux hémorrhagies.

Parmi les accidents consécutifs, quelques-uns
peuvent tenir à la plaie faite à la cornée. Ces accidents sont rares et ont d'autant moins de tendance
à se produire que la plaie cornéenne est plus petite.

Il arrive parfois que les deux lèvres de la plaie
faite à la cornée ne se rapprochent pas l'une de
l'autre : d'où leur écartement, qui donne lieu à une
cicatrice saillante. Cet accident peut être évité en
faisant usage d'un bandeau compressif, employé
surtout dans les opérations de kératotomie à lambeau. De cet écartement des lèvres de la plaie résulte aussi une ulcération de la cornée et une kéra-
tite consécutive. Enfin, une autre conséquence,
infiniment plus grave, est l'infiltration purulente
de la cornée et le ramollissement de cette membrane.

Ces accidents sont rares, et, comme d'ailleurs ils
ne se rapportent pas directement à l'excision de
l'iris, je me contente de les signaler.

Toutefois, nous devons faire remarquer ici que, depuis que de Graeffe a mis en honneur l'iridectomie, cette opération a été pratiquée plusieurs centaines de fois par lui, par Bowmann, par Donders et par bien d'autres, et qu'on peut s'assurer par des relevés statistiques étendus qu'elle ne cause pas d'accidents plus fréquents que toute autre opération faite sur l'œil.

OBSERVATIONS.

Observations d'iridectomie précédant l'extraction de la cataracte.
(*British medical journal*, 1864. — Dr Taylor).

1° Josiah Falconbridge, homme très-faible, depuis longtemps
malade et misérable, âgé de 68 ans : psoriasis chronique. Il
sortait d'un hôpital où il avait séjourné trois mois pour une
affection chronique de la vessie. Il est aussi affecté d'entropion qui a causé l'ulcération de la moitié inférieure de la cornée gauche. Son œil gauche est atteint d'une cataracte sénile
dure. C'était un des cas les moins favorables pour le succès de
l'opération qu'on pût concevoir. *L'iridectomie est faite le 2 juin
1863; l'extraction trois semaines plus tard.* Le septième jour on
découvrit l'œil, la surface de la cornée était couverte de pus
provenant d'une conjonctivite intense qui semblait avoir été
produite par l'entropion. La plaie était cicatrisée, et la cornée
parfaitement transparente. La conjonctivite guérit en quelques
jours. Le malade jouit maintenant d'une bonne vision.

2° Anne Fox, âgée de 65 ans. A chaque œil cataracte dure
sénile. Cette femme était dans le même état de faiblesse que le
malade précédent. Elle est obèse. La malade voulut être traitée
par le procédé de Mooren. *L'iridectomie de l'œil droit fut pratiquée en août; l'extraction six semaines plus tard.*

Guérison sans qu'il soit survenu aucun symptôme défavora-
ble. La malade voit très-bien. Elle peut lire les plus fins caractères d'imprimerie.

Dubrueil   5

Observation d'iridectomie dans l'ulcération destructive de la cornée.
(*Médical Times*. — Robert Carter).

Robert Carter rapporte dans ce travail l'observation suivante comme une excellente preuve des avantages de l'iridectomie dans l'ulcération destructive de la cornée ; je traduis littéralement :

« G. R..., laboureur, âgé de 53 ans, eut recours à moi le 5 février 1864, pour une affection de l'œil droit. Il est faible, décrépit, partiellement chauve et peut passer pour avoir 10 ou 15 ans de plus qu'il n'accuse.

« Il raconte que le 28 janvier (huit jours avant), il reçut un coup sur l'œil par une branche. Avec l'apathie caractéristique de sa classe, il continua à travailler malgré la perte de la vision et l'augmentation de la douleur, jusqu'à ce que son patron l'envoyât se faire soigner.

« Je trouvai la conjonctive droite très-injectée. La cornée était presque entièrement perforée par un ulcère gris, sale, d'environ 3 lignes de diamètre, et entouré d'une zone d'une opacité dense ; cet ulcère était situé un peu du côté de son bord externe et inférieur. La zone d'opacité atteignait le bord de la cornée du côté externe, tandis que, en haut et en dedans, il existait au-dessus de la pupille une portion en croissant qui, quoique trouble et nuageuse, était cependant assez transparente pour laisser voir sa structure fibreuse. Il n'y avait pas de vaisseaux allant à l'ulcère, ni empiétant sur le bord cornéal ; la vision était limitée à une perception quantitative obscure de lumière ; le malade percevait la direction de la fenêtre, mais non ses contours ni son chassis.

« Douleurs violentes avec exacerbations nocturnes, pouls faible, fréquent, aspect souffrant et usé. La tension du globe oculaire n'était pas ou seulement très-peu augmentée, et n'était pas plus forte que dans l'œil gauche qui présentait déjà cependant des traces d'une irritation sympathique.

« L'œil malade avait été couvert d'un mouchoir plié ; aucun traitement n'avait été fait.

« Avant de connaître les bons effets de l'iridectomie, il m'aurait paru inévitable, dans les conditions que j'ai décrites, que la perforation menaçante eût été suivie d'iritis, probablement de la désorganisation complète de l'œil et de la destruction sympathique de son congénère.

« Je mis le malade sur un lit, et fis immédiatement l'iridectomie, enlevant le sixième supérieur de l'iris. La douleur de l'opération fut très-vive, et, après avoir appliqué une compresse d'Arlt, j'ordonnai au malade de rester tant que la douleur persisterait. Aussitôt cependant qu'il devint un peu plus tranquille, il quitta la maison sans que j'en eusse connaissance et ne revint que le dimanche suivant (8 février).

« Il dit alors que la douleur avait cessé trois heures après l'opération, qu'il était retourné à son travail dans l'après-midi, et qu'il avait attendu, pour venir me voir, jusqu'au dimanche, afin de ne pas perdre de temps. La compresse d'Arlt était restée à sa place, et, en l'enlevant, je trouvai l'injection de la conjonctive beaucoup diminuée, la plaie cicatrisée, le trouble de la cornée en forme de croissant éclairci ; la zone opaque plus étroite et moins dense, l'ulcère est presque rempli de lymphe plastique. La perception de la lumière était devenue qualitative, et le malade était capable de distinguer une feuille de papier blanc.

« Comme les choses s'étaient si bien passées, sans aucune médication, je réappliquai la compresse et je renvoyai le malade à son ouvrage. Le onzième jour, le mieux continuant, et le malade étant capable de compter ses doigts, on enleva la compresse et on lui substitua un bandeau.

« Le vingt-deuxième jour, il restait un peu d'injection de la conjonctive, les vaisseaux qui se rendaient à l'ulcère avaient déjà disparu.

« La plaie de l'excavation actuelle était marquée par une cicatrice dense, bien circonscrite, dont le bord le plus élevé

atteignait juste le centre de la pupille normale, et le reste de
la cornée avait repris sa transparence parfaite. Le malade pouvait lire sans aide le n° 16 du livre de Jæger, et le n° 14 avec
l'aide d'une lentille biconvexe de 10 pouces, et je trouvai
qu'il en faisait très-peu de plus avec l'œil sain.

« Ce cas est intéressant en ce que l'iridectomie a été
employée seule, et qu'aucun traitement médical n'est venu
s'ajouter ni s'interposer à cette opération. »

Observation d'iritis sympathique. Iridectomie. Guérison.

(Note de Tavignot. — Gazette hebdomadaire, 1864).

Il s'agissait d'une jeune fille de 11 ans, ayant perdu l'œil
droit à la suite d'un coup de ciseaux, et chez laquelle l'iritis
sympathique du côté gauche avait débuté cinq semaines après
l'accident.

J'avais affaire à la seconde attaque de la maladie irido-
choroïdienne.

L'opération, exécutée avec ma pince-crochet, eut pour effet
de supprimer un tiers environ de l'iris, vers sa partie externe,
de sa petite à sa grande circonférence. L'iritis a été, pour
ainsi dire, enlevée d'emblée : aucun accident, soit primitif,
soit consécutif, n'est survenu, et la guérison, qui date aujourd'hui de trois mois, est aussi complète que possible. Il n'y
a pas eu de récidive.

Tout semble faire espérer que la guérison persistera. Dès
lors l'iritis sympathique aura cessé d'être une maladie au-
dessus des ressources de l'art, ainsi que la plupart des auteurs
l'ont répété jusqu'à présent.

Iritis avec oblitération de la pupille.

(Observation empruntée à M. Teale. — *Medical and Gazette Times,*
t. II, p. 529, 1860.)

Joseph B....., âgé de 29 ans. Iritis syphilitiques répétées, qui,
pendant les six derniers mois, avaient été accompagnées d'une
douleur forte et continue. Il est depuis quelque temps entièrement aveugle.

Dans l'œil droit, synéchie postérieure complète; l'iris sail-
lant en avant; la cornée est ulcérée.

L'œil gauche a été détruit par un coup de poing depuis
plusieurs années.

4 septembre 1858. Aucun traitement n'ayant pu adoucir ses
souffrances, on fit l'iridectomie, mais sans espoir de rétablir
la vue.

Le 12. Les douleurs ont cessé; l'ulcère de la cornée est
cicatrisé.

2 octobre. Le malade ayant dormi dans un égout, l'œil
redevient enflammé et douloureux. Iridectomie nouvelle.

Janvier 1859. Il est parfaitement guéri de ses douleurs depuis plusieurs semaines. L'ulcère cornéen est cicatrisé, et le
globe est dans un état de repos.

Dans ce cas, bien qu'on n'eut aucun espoir de rendre la vue
au malade, le but de l'opération, c'est-à-dire la cessation de la
douleur et de l'irritation constante du globe a été atteint,
résultat que les moyens ordinaires continués pendant plusieurs mois n'avaient pu obtenir.

*Irido-choroïdite de l'œil droit. Atrophie de l'œil gauche. Annales
d'oculistique.* 7ᵉ série, 1859. — Dʳ Pagenstecher.

La malade, paysanne, mariée, âgée de 31 ans, avait toujours
joui d'une parfaite santé et été régulièrement menstruée jus-

qu'à l'époque de sa dernière grossesse. Elle accoucha, il y a quatre ans, pour la troisième et dernière fois, et depuis ne revit plus ses règles. Un an environ après cette dernière couche, elle fut atteinte d'une inflammation de l'œil gauche, qui, après s'être signalée par de violentes douleurs orbitaires, de la rougeur, du larmoiement et du trouble dans la vue, se termina par la perte de cette dernière et l'atrophie du bulbe. En dernier lieu, pendant la marche progressive de l'atrophie, la malade eut encore, par intervalles, la perception de quelques sensations lumineuses subjectives, d'étincelles, d'éclairs, etc.

Depuis un an, la malade éprouvait à l'œil droit les mêmes symptômes qui avaient caractérisé le début de la maladie de l'œil gauche. Son état, lors de son entrée à l'Institut, était le suivant :

A gauche, on peut constater par le toucher le ramollissement de l'œil ; la cornée ne présente plus qu'un reflet mat ; la conjonctive est légèrement rouge ; la sclérotique n'est pas entièrement blanche, mais d'un rose pâle, et parcourue par quelques vaisseaux plus dilatés que d'ordinaire et variqueux qui la pénètrent brusquement. L'iris est décoloré, bleu-verdâtre, le cercle pupillaire entièrement adhérent à la capsule antérieure, le champ pupillaire troublé par un exsudat enfumé. La faculté visuelle, ainsi qu'il a déjà été dit ci-dessus, est entièrement éteinte.

À droite, la conjonctive est d'un rouge pâle, il y a larmoiement peu considérable, photophobie et trouble de la vision. Une douleur compressive dans l'orbite, augmentant constamment en proportion de l'exacerbation des phénomènes inflammatoires, existe depuis le commencement de l'affection. Quelques rares vaisseaux ciliaires trop développés se remarquent aussi sur la sclérotique. La pupille est troublée par un exsudat déposé sur la capsule antérieure, et au moyen duquel son bord est totalement uni à celle-ci. Le tissu de l'iris, décoloré, gris brunâtre, est raréfié par suite d'un développement anormal manifeste de ses vaisseaux. La faculté visuelle est tellement diminuée depuis six mois, que la malade lit difficilement les caractères du n° 15 de Jæger, et que les objets lui paraissent enveloppés d'un épais nuage. Depuis quelque temps, elle a la perception de nombreuses étincelles, de roues lumineuses, d'éclairs, phénomènes qui se produisent particulièrement quand la malade tient sa tête dans une position déclive.

L'iridectomie fut pratiquée, le 26 février, à la partie supérieure de l'iris. L'appareil fut levé le 1er mars, et déjà il existait une amélioration considérable de la vision ; la malade pouvait lire les lettres du n° 9 de Jæger. Un traitement légèrement dérivatif amena en peu de temps un résultat si satisfaisant que, dès le 18 mars, elle sortit guérie. Les résultats de l'opération furent les suivants : la saillie du globe était redevenue naturelle, la conjonctive et la sclérotique n'offraient plus aucune trace d'injection. La nouvelle pupille était claire et les exsudats de la pupille naturelle paraissaient avoir perdu de leur densité. L'iris était d'une couleur bleue bien pure. Il n'y avait plus d'apparence de névralgies orbitaires, ni de photopsies, et la malade lisait parfaitement le petit caractère (Jæger, n° 15). Quand je la revis plus tard, elle lisait le n° 3 de Jæger ; elle affirmait qu'aucun symptôme inflammatoire ne s'était plus manifesté ; ils n'étaient du reste plus à craindre, l'état de santé générale étant devenu complétement rassurant depuis le retour des règles.

Résultat de l'opération. — Cessation de l'inflammation, rétablissement d'une vue normale.

Irido-choroïdite chronique de l'œil gauche. Annales d'oculistique,
7e série, 1859. — Dr Pagenstecher.

Mme W. de B..., âgée de 48 ans, commença à se plaindre, il y a deux ans, vers l'époque de la ménopause, d'un trouble dans la vision à droite, lequel augmenta successivement, sans

être pour cela accompagné de symptômes inflammatoires nota-
bles. Jamais l'œil n'était ni rouge, ni larmoyant; la patiente
n'accusait qu'une légère photophobie et des douleurs de tête
rhumatismales qui s'étendaient à toute la moitié du crâne, se
représentaient sous forme d'accès, dont chacun amenait une
déperdition plus considérable de la faculté visuelle. Depuis
neuf mois, il n'existe plus qu'une perception de lumière quantitative, et, par conséquent, que la possibilité de distinguer le
jour des ténèbres.

Ce n'était point l'état de son œil droit, dont elle avait déjà
fait le sacrifice, qui m'amenait la malade, mais l'affaiblisse-
ment qui, depuis neuf mois, époque à laquelle se compléta
probablement l'occlusion de la pupille droite, affectait son
œil gauche au moyen duquel elle avait pu jusqu'alors exé-
cuter sans interruption les travaux les plus fins. Elle devait
s'en abstenir totalement en ce moment; elle éprouvait une
prompte fatigue au travail et des douleurs violentes dans les
parties osseuses au voisinage de l'œil gauche en étaient la conséquence immédiate.

État au moment de l'entrée à l'Institut. — A droite, la conjonctive est légèrement rougie; la cornée transparente et
l'humeur aqueuse sont un peu troubles. L'iris, de couleur sale,
est convexe en avant par la pression de l'exsudat qui occupe
l chambre postérieure, le cercle pupillaire entièrement adhérent à la capsule antérieure, et la pupille fort étroite, trouble
et nuageuse. La sclérotique est parcourue par quelques veines
fort dilatées.

La faculté visuelle est telle, que la malade est encore en
état de suivre les mouvements d'un objet fort éclairé. Le bulbe
oculaire droit est un peu plus mou que le gauche au toucher.

A gauche, l'aspect extérieur de l'œil est tout à fait normal,
la pupille très-mobile et nette. L'examen à l'ophthalmoscope ne
fait découvrir que quelques flocons flottant dans l'humeur
vitrée, mais aucune anomalie apparente dans la texture de la

choroïde. La lecture des caractères n° 3 de Jæger est difficile.

L'iridectomie fut pratiquée le 25 juillet 1856, à l'œil droit. Il n'y eut pas d'autres symptômes de réaction qu'un léger épanchement sanguin dans la chambre antérieure, dont l'absorption fut lente et un trouble plus considérable que d'habitude de l'humeur aqueuse.

Le 8 août, au départ de l'opérée, l'humeur aqueuse offrait encore un peu de trouble; l'iris avait repris une couleur plus vive, la pupille nouvelle était encore obstruée en partie par des exsudats, mais elle offrait un espace libre suffisant pour entretenir la communication de la chambre postérieure avec l'antérieure. Le bulbe était encore ramolli. Les céphalalgies avaient disparu. La perception visuelle de l'œil droit n'était point augmentée, mais la malade pouvait parfaitement lire de l'œil gauche les lettres du n° 1 de Jæger.

J'eus l'occasion de revoir la malade quinze mois après l'opération : la pupille artificielle s'était conservée, la vision était restée dans le même état aux deux yeux. Les douleurs crâniennes ne s'étaient plus représentées. La malade pouvait de nouveau se servir, comme par le passé, de l'œil gauche pour ses travaux, et la consistance du bulbe droit était la même que celle de gauche où les flocons de l'humeur vitrée étaient plutôt diminués qu'augmentés.

Résultats de l'opération. — Arrêt de l'atrophie de l'œil droit et annulation de la congestion morbide sympathique déjà communiquée par l'œil malade à l'œil sain.

Glaucome subaigu des deux yeux. — Iridectomie. — Guérison, par
J.-G. Hildige, de Dublin. — (*Médical Times,* 1864.)

Il s'agit d'une dame, âgée de 35 ans, qui présentait les traces d'une inflammation glaucomateuse des deux yeux, le gauche était plus malade que le droit. Les soins médicaux n'ayant

abouti à rien, elle consulta M. Hildige qui opéra l'œil gauche.
Cette opération n'enraya pas la marche de la maladie du côté
droit, et quelques jours après il opéra également le droit.

Cette double opération, dit-il, fut suivie, un mois après,
d'une guérison complète. Les deux yeux avaient retrouvé leur
tension normale; l'injection de la conjonctive avait disparu,
les iris avaient repris leur coloration naturelle; toutefois la
guérison fut plus complète à droite, où la transparence fut
plus parfaite.

Il est intimement persuadé que s'il eût retardé l'opération
de quelques jours, les deux yeux auraient été irrévocablement
perdus.

Cette opération, selon M. Hildige, est préférable à la simple
évacuation de l'humeur aqueuse.

*Cécité dépendant d'un glaucome aigu survenant à la suite d'une sai-
gnée, et guérie par l'iridectomie* (Dr Qualino, *Journal d'ophthalmologie,* Italianer, 1866).

Une femme de 50 ans, ayant eu, le 18 août, une attaque de
rhumatisme articulaire aigu, le Dr Bocco prescrivit une saignée et un éméto-cathartique le 19. Après cette saignée, on
avait remarqué un trouble momentané de l'œil droit, accompagné de douleurs aiguës profondes. La saignée fut néanmoins
répétée le même jour, et le 20, troisième saignée; le 21, les
douleurs articulaires ont cessé, mais la vision de l'œil droit est
abolie. Le Dr Quaglino diagnostiqua un glaucome aigu, qu'il
traita et guérit par l'iridectomie.

Glaucome guéri par l'iridectomie. — Cusco (*Union médicale*, 1861,
t. X, p. 110).

M. Cusco a traité, il y a trois semaines, un glaucome, suivant la méthode de de Graefe. Le malade, dont l'œil présentait

l'aspect verdâtre du glaucome, outre les signes opthalmoscopiques, a déjà perdu un œil depuis sept ans. La vue avait rapidement diminué depuis trois semaines dans l'œil resté bon, mais le malade distinguait encore le jour et la nuit, et voyait encore les gros objets; lorsque M. Cusco examine le malade pour la première fois, trois semaines après, il était devenu tout à fait aveugle. M. Cusco fit alors l'iridectomie.

Cette opération ne fut pas suivie d'accident, et au bout de quelques jours, l'opéré peut distinguer la main du chirurgien. Graduellement, on a fait arriver plus de jour dans la chambre du malade, afin de ne pas déterminer d'éblouissement, et la vue est devenue de plus en plus nette. Le malade distingue les objets qu'on lui présente, se rend compte de leur position, et reconnaît même des corps d'un petit volume.

M. Cusco regarde ce résultat chez un malade affecté de glaucome, comme fort important; il croit que c'est le premier succès obtenu en France, à l'aide de l'iridectomie, pratiquée après une cécité absolue.

(Société médicale du IXe arrondissement de Paris.)

Glaucome guéri par l'opération d'Hancock. — Follin (*Archives de médecine*, 1860).

1° S. B...., âgée de soixante-deux ans, admise le 3 octobre 1859 à l'hôpital pour un glaucome aigu de l'œil gauche. Il y a sept jours, elle a commencé à souffrir, et comme elle eut à travailler durement dans sa profession de laveuse, la douleur devint très-violente, empêchant la malade de dormir la nuit, et s'étendant à la tempe et sur le sourcil. Le globe oculaire est maintenant très-dur et excessivement sensible au toucher; il présente les apparences extérieures observées dans le glaucome; la lentille est opaque et de couleur verdâtre, la pupille dilatée et irrégulière. La malade a l'aspect d'une personne qui souffre; elle peut seulement distinguer le jour de la nuit.

7 octobre. M. Hancock coupe en travers le muscle ciliaire. Une certaine quantité de liquide séreux s'écoule; l'iris est légèrement poussé dans la plaie. — L'opération enleva entièrement la douleur, qui ne reparut plus pendant la quinzaine que la malade resta à l'hôpital.

2 janvier. — La malade vient à l'hôpital pour remercier le chirurgien; elle assure qu'elle peut voir avec son œil, aussi bien qu'avant sa maladie; elle a repris son emploi. La pupille est légèrement tirée vers la plaie; mais sous d'autres rapports, l'aspect de l'œil est naturel.

2° H. C...., 50 ans, admise le 11 janvier 1860. — Il y a douze ans, l'œil droit devint gonflé, rouge et douloureux. Elle fut traitée à Central London ophthalmic hospital. La douleur cessa dans l'œil, mais cette malade ne recouvra jamais parfaitement la vue de cet œil. Une attaque semblable, accompagnée de flammes de feu devant les yeux, se manifesta de nouveau il y a cinq ou six ans; de même que précédemment la douleur s'en alla, mais la vue n'a pas depuis lors reparu.

État actuel. — Le globe oculaire est peu déformé, la cornée contractée dans ses diamètres est conique; il existe une dépression autour du globe, au niveau du muscle ciliaire; l'œil est contracté à ce point; la choroïde se manifeste par de la noirceur à travers la sclérotique amincie; le cristallin est opaque, le globe est très-tendu, et un arc semble entourer la cornée.

12 janvier. M. Hancock divise le muscle ciliaire.

Le 15. La tension et la douleur ont entièrement disparu; la malade peut distinguer l'ombre d'une main qui passe entre l'œil et la lumière.

Le 20. L'œil malade semble aujourd'hui aussi volumineux

et aussi souple que l'œil sain. La vue est beaucoup améliorée. La malade peut distinguer ses propres doigts et les barreaux du lit.

14 février. Les deux yeux ont aujourd'hui la même apparence; la pupille est régulière avec son volume et sa situation normaux. La cornée a repris son volume et sa forme ordinaires, la vision est excellente, et la malade a le pouvoir d'adapter son œil aussi bien pour les objets rapprochés que pour les objets éloignés.

(The Lancet, 25 février 1866.)

Glaucome double. — Double iridectomie (Service de M. Follin.)

Jusqu'en février 1861 ce malade avait toujours joui d'une vue normale, il n'avait jamais eu mal aux yeux.

Sa santé générale est bonne, il n'a jamais eu de syphilis ni de rhumatisme; il porte aux membres inférieurs des traces de rachitisme ; quoique travaillant à la peinture depuis l'âge de 16 ans, il n'a jamais été affligé de colique saturnine. Pas d'antécédents héréditaires pour son glaucome.

Vers le mois de février 1860, ce malade fut pris tout d'un coup d'étourdissements, suivis de perte de connaissance et hémiplégie de tout le côté gauche. Transporté à l'Hôtel-Dieu (salle Saint-Charles), il y resta six mois environ, et pendant les cinq premiers mois il fut complétement étranger à tout ce qui se passait autour de lui, ne pouvant articuler un mot et présentant par moment une agitation qui nécessitait l'emploi de la camisole. Dans le mois de juillet, il revint peu à peu à lui, les symptômes paralytiques allèrent en s'amendant, et, à sa sortie, qui eut lieu dans le mois d'août, il pouvait se servir de son côté paralysé et la parole était en partie revenue; à ce moment il ressentit quelques douleurs dans l'œil, mais trop légères pour attirer son attention ; d'ailleurs sa vue était toujours aussi bonne.

Six mois après sa sortie de l'hôpital, vers le mois de février 1861, il fut pris subitement d'accidents du côté de l'œil gauche : celui-ci devint rouge, larmoyant, douloureux; les douleurs étaient tensives, sus-orbitaires et orbitaires. La vision allait en s'affaiblissant; les objets paraissaient troubles. La lumière d'une bougie était vue plus large et entourée d'arc-en-ciel. Le malade accusait de plus l'existence de phosphènes. Tous ces accidents ne se passaient que dans l'œil gauche; le droit était toujours dans son état normal.

Tous ces phénomènes persistèrent jusqu'à la perte complète de la vue; elle eut lieu vers le mois de juillet 1863. Mais dans tout ce long intervalle il y eut des rémissions dans la marche de la maladie.

Dans le mois de janvier 1865, vers le 15 environ, le malade ressentit pour la première fois des douleurs dans l'œil droit; l'œil n'est pas rouge, larmoyant, comme dans le début de la maladie de l'œil gauche; mais il éprouve les mêmes phénomènes, les douleurs ont le même caractère, la vue va en s'affaiblissant : c'est alors que le malade se décide à entrer à l'hôpital.

État actuel. Il ne conserve de son hémiplégie gauche qu'un peu de faiblesse dans le bras; de plus il éprouve toujours une certaine difficulté à articuler certains mots. Son intelligence est intacte, sa mémoire est très-bonne.

OEil gauche. Pupille dilatée, peu contractée; cornée transparente; le corps vitré présente de nombreuses opacités; la papille est pâle, grisâtre, entourée d'un cercle d'atrophie choroïdienne. Les vaisseaux rétiniens sont déprimés surtout à la partie supérieure et à la partie inférieure.

Les artères sont très-fines, les veines un peu plus dilatées. La vision est complétement abolie; le malade ne peut voir la lumière d'une lampe. Le globe oculaire présente la dureté caractéristique du glaucome.

Les symptômes de tension du globe oculaire gauche ont presque complétement disparu; cependant lorsque le malade s'expose pendant quelque temps à une lumière assez vive, la tension oculaire est plus forte et détermine la réapparition de la douleur.

OEil droit. Les lésions sont bien moins prononcées; le globe oculaire est moins dur qu'à gauche, mais il l'est plus qu'à l'état normal. La vision, quoique bien diminuée, permet encore au malade de se conduire. Il peut lire les lettres du n° 30 de l'échelle Giraud-Teulon à une distance de 130 centimètres, et déchiffrer péniblement celles du n° 10 à 9 cent.; de plus, son champ visuel est sensiblement rétréci.

Les phosphènes interne, externe et supérieur sont conservés, mais il faut presser sur les parties profondes du globe.

Le malade voit la lumière d'une lampe plus large et entourée d'arc-en-ciel.

La pupille est contractile, à l'opthalmoscope on constate les mêmes lésions que de l'autre côté, mais à un degré moins avancé. La pupille est plus décolorée au centre qu'à la circonférence, les vaisseaux ont la même disposition. La vascularité est normale.

2 mars. Jusqu'à ce jour le malade a été traité par les frictions mercurielles, l'iodure de potassium, la salsepareille et un séton à la nuque. On lui prescrivit de nombreux collyres. Il vit cependant deux mois et demi à l'hôpital Beaujon.

Le 2. Double iridectomie supérieure ; le malade est endormi et tout se passe très-bien. Il se fait un plus léger épanchement de sang dans l'œil droit. — Bandage compressif double, atropine.

Le 3. Tout s'est très-bien passé; aucune douleur dans les yeux, pas de réaction; les quelques gouttelettes de sang, qui se trouvaient dans l'œil droit, sont résorbées. — Même pansement.

Le soir il reçoit, par maladresse, un gilet sur la figure : contusion du globe oculaire droit, douleur très-vive instantanée persistant toute la nuit, larmoiement.

Le 4. Les douleurs ont cessé. L'œil contus présente un épanchement de sang dans la chambre antérieure assez abondant.

Le malade ne distingue plus aucun objet.—Même pansement, atropine.

Le 5 .Le sang de la chambre antérieure droite s'est résorbé; il reste un aspect opalescent du cristallin ; le malade distingue les ombres ; plus de douleur, plus de compression.

Le 6. Le sang est entièrement résorbé, le malade commence à distinguer les objets, le cristallin est plus transparent.— Simple bandeau.

Le 8. L'œil gauche est plus douloureux, légère injection des vaisseaux sous-conjonctivaux, le globe n'est cependant pas tendu ; le droit va bien, la tension oculaire a disparu, la vue revient de jour en jour.—2 ventouses à la tempe gauche.

Le 9. Amélioration sensible : l'œil gauche n'est plus aussi douloureux, la rougeur a presque disparu.

Le 11. Le malade commence à voir de son œil droit. Il n'est plus tourmenté comme avant l'opération par les douleurs sus-orbitaires. Les plaies cornéennes sont bien cicatrisées, les pupilles sont larges et bien noires, pas de conjonctivite, les globes oculaires sont mous.

Le 20. Le malade part pour Vincennes.

OEil gauche. Corps vitré transparent, vaisseaux en crochet, papille moins blanche.

OEil droit. Milieux transparents, papilles moins animées, la dureté des globes a disparu, l'œil gauche est un peu moins mou que le droit. Les douleurs n'existent plus.

Le malade lit facilement le n° 15 à la distance de 1 mètre.

7 avril. Le malade revient de Vincennes. Il a éprouvé depuis sa sortie une très-grande amélioration, surtout pour la vision des objets rapprochés. Il lit facilement le n° 5 à 55 cent., tandis que le n° 15 il ne le lit qu'à 1 m. 30.

Le fond de l'œil est normal, les papilles sont rosées; son champ visuel s'est bien modifié, il a presque triplé d'étendue.

Iritis de l'œil droit. — Synéchies postérieures. — Iridectomie interne.
(Service de M. Follin.)

Cette femme, grande et bien constituée, n'a jamais eu d'autre maladie qu'une fièvre typhoïde à l'âge de 12 ans. A la suite de frayeur causée par les inondations de Lyon, en 1856, elle a été prise d'attaques d'épilepsie, dont le retour et l'intensité ne sont pas réguliers. Le plus souvent, cependant, la malade en est prise la nuit et s'en aperçoit à son réveil, en trouvant son lit mouillé par son urine. Dans la journée elle est quelquefois atteinte de vertige, la phrase qu'elle a commencé reste inachevée; elle reste immobile et sans avoir conscience de ce qui se passe autour d'elle pendant environ un quart d'heure, ne revient à son état normal que lentement, et prononce souvent, vers la fin de l'attaque, des paroles incohérentes. Elle a remarqué que plusieurs petites crises précédaient habituellement de quelques jours une attaque plus forte; il ne lui en est survenu qu'une depuis son admission. Elle a été soumise à un traitement, à Lyon, pour son épilepsie et dit avoir vu les attaques s'éloigner. La menstruation paraît être sans résultat sur leur apparition.

Environ quinze jours avant son entrée elle était occupée à travailler entre une fenêtre et une porte ouvertes, lorsqu'elle sentit qu'elle avait pris froid; quelques jours plus tard son œil droit ne pouvait supporter la lumière et elle souffrait beaucoup du pourtour de l'orbite, surtout à la partie supérieure du front. A son entrée on constata une iritis de l'œil droit, avec la photophobie, les douleurs périorbitaires, et le rétrécissement habituel de la pupille. La malade fut soumise aussitôt à un traitement énergique. Calomel 0,12 à doses fractionnées par jour, collyre de sulfate d'atropine, instillations fréquentes, application de ventouses à la tempe.

Le calomel fut continué plusieurs jours. et l'on fut obligé d'en suspendre l'administration à cause d'un commencement de stomatite. On fut obligé de revenir aux émissions sanguines trois fois, à cause de la persistance des douleurs et de l'injection de la conjonctive, et d'un anneau sclérotidien trèsmarqué. La malade ne pouvait supporter la lumière et se trouvait à peu près dans le même état qu'à son entrée. Il y a quinze jours on remarqua une déformation de la pupille et du globe. de l'œil, que nous allons décrire. Le bord de l'iris est irrégulier et présente cinq encoches, dont deux à la partie supérieure, une à l'extrémité inférieure du diamètre vertical et une à chaque extrémité du diamètre horizontal. L'iris est augmenté de volume, tuméfié à la circonférence, la couleur jaunâtre qu'il présente à l'œil sain n'existe plus maintenant du côté malade qu'en un point assez limité de la partie interne ; partout ailleurs il est plus foncé et plus terne. La cornée, à sa partie inférieure, est également un peu terne dans toute son épaisseur ; de nombreux vaisseaux la bordent à sa partie inférieure. Tout le segment antérieur de l'œil est porté en avant, ce qui donne au globe une forme manifestement conique qui n'est pas limitée à la cornée, mais qui dépend aussi de la projection en avant de la partie antérieure de la sclérotique. Cette déformation apparaît plus manifeste si on compare l'œil droit à l'œil gauche.

En ce moment la malade souffre encore à la région sus-orbitaire, mais plus particulièrement le soir ; depuis trois jours seemulent la vision est un peu revenue. Elle ne pouvait supporter la lumière, maintenant elle distingue facilement les doigts, mais ne peut, à aucune distance, reconnaître les caractères imprimés, elle n'éprouve alors que le sensation du blanc et du noir.

11 avril. Iridectomie à la partie interne pratiquée sans chloroforme ; écoulement assez abondant de sang ; pansement légèrement compressif ; occlusion des deux yeux.

Le 14. La plaie de la cornée est cicatricée depuis hier ; il y a encore du sang dans la chambre antérieure, mais on distingue bien la pupille artificielle créée ; on cesse la compression ; la malade va bien d'ailleurs; œil encore un peu conique en avant.

Le 18. Il reste à peine un peu de sang à la partie inférieure de la chambre antérieure ; la plaie est bien fermée, la conicité du segment antérieur de l'œil a cédé à la compression renouvelée le 16 pendant 24 heures seulement ; la malade distingue les doigts passés devant son œil.

Le 2 mai. La malade voit et compte les doigts si on les place un peu dehors de la pupille; la cornée étant un peu nuageuse à la partie interne depuis l'opération.

Le 17. La malade part pour le Vésinet, pouvant voir très-distinctement, même les petits objets, pourvu qu'on les place un peu en dehors de la pupille; la conicité du globe et les douleurs n'ont pas reparu depuis l'opération.

Glaucome double, ayant commencé à gauche. — A gauche, marche presque chronique; aiguë à droite. — Lésions choroïdiennes. — Iridectomie (Service de M. Follin).

Cette femme n'a jamais été malade; depuis quelques années seulement elle a quelques palpitations. Du côté des yeux elle n'a jamais présenté d'autre accident qu'une diplopie qui disparut après trois semaines en faisant usage de lunettes, sur le conseil d'un médecin; la malade se portait alors parfaitement à part sa diplopie, elle avait 38 ans.

Elle fut prise pour la première fois il y a environ un an d'éblouissements, de mouches volantes qui lui rendaient la vue trouble pendant cinq minutes, quelquefois plus longtemps, un quart d'heure, une demi-heure au plus, dit-elle. Ces espèces d'attaques survenaient brusquement; la seconde suivit à plusieurs mois la première; mais à partir de ce moment, elles devinrent beaucoup plus longues et rapprochées ; la vue devint moins longue; la malade sentait que son œil gauche était comme rétréci; elle n'en souffrait que très-peu ; mais elle remarquait qu'en regardant fixement une personne son champ visuel n'embrassait pas toute l'étendue de la figure; il lui fallait porter l'œil fortement en haut et en bas successivement pour qu'elle pût reconnaître ce qu'elle avait devant elle. Il y a cinq mois elle fut prise de douleurs dans l'angle interne de l'œil gauche, dans les fosses nasales du même côté, et s'aperçut ensuite que cet œil s'était perdu insensiblement.

Elle voyait encore bien de l'œil droit, à part les éblouissements qui persistaient comme auparavant, lorsque le 1er juin dernier, au soir, elle fut prise de douleurs très-vives dans l'angle interne de l'œil, le nez, la tempe, le front, avec des éblouissements fréquents. La lumière d'une bougie lui paraissait entourée d'un cercle rouge, et d'un autre vert; les feuilles d'un arbre placé devant la fenêtre semblaient bleues. Ces douleurs et ces sensations lumineuses durèrent trois jours, elle se rendit à la Clinique ophthalmologique du bureau central où l'opération lui fut proposée; mais, comme les douleurs étaient moins vives à ce moment, la malade refusa. Elle eut une nouvelle attaque en tout semblable à la première mercredi dernier. Le soir à six heures, à la suite de cette seconde attaque, la vision est restée trouble à droite. Depuis son entrée à l'hôpital, la malade a souffert de son œil gauche qui n'était pas habituellement douloureux.

L'examen des yeux donne les résultats suivants : les deux globes très-durs.

OEil gauche. Milieux transparents, avec quelques opacités dans le corps vitré, et quelques stries cristallines.—La papille du nerf optique est rouge, en haut comme en bas vaisseaux déprimés en crochet à la circonférence. En bas on en voit un qui est plus manifestement incrusté, on peut en suivre quelques-uns à la surface de la papille déprimée jusqu'à leur point d'énergie, au centre de la papille.

Les pulsations artérielles et veineuses sont très-manifestes, surtout à la sortie de la papille; desquamation épithéliale de la choroïde, dont les vaisseaux sont nettement visibles. — Cor-

née moins sensible qu'à l'état normal ; injection sclérolicale
par compression, pupilles dilatées par l'atropine :

OEil droit. Milieux moins transparents qu'à gauche ; cornée
saine, moins sensible qu'à l'état normal, conjonctive injectée ;
l'injection conjonctivale masque la sclérolicale, pupille dilatée,
irrégulière opacitée dans le corps vitré, quelques stries cristallines ; à travers ces opacités du corps vitré, on aperçoit la papille
du nerf optique. En haut comme en bas de la papille, on distingue suivant le trajet des vaisseaux des taches blanches,
allongées qui tranchent nettement par leur couleur sur le fond
de l'œil ; la papille est très-rouge, à la partie inférieure vaisseaux en crochet, mêmes altérations de la choroïde qu'à l'œil
gauche.

Champ visuel : œil gauche . . verticalement 42 centim.
(A 44 centim. de l'objet . . . . horizontalem. 32 — —
verticalement 45 — —
OEil droit. . . . . horizontalem. 33 — —

26. Double iridectomie supérieure pendant le sommeil
anesthésique (chloroforme) ; large excision d'iris surtout à
droite, un peu de sang dans la chambre antérieure seulement
à gauche. — Pansement ordinaire, occlusion et compression
des yeux.

Le 28. L'œil droit va bien, sauf une sensibilité très-vive à la
lumière qui existait déjà au moment de l'examen ophthalmoscopique ; la cicatrisation de la plaie cornéenne est forte,
l'œil gauche a encore du sang dans la chambre antérieure, et
la malade en souffre un peu. — Compression, retirer deux
tubes de sang à la tempe gauche.

Le 30. Continuer la compression à gauche ; même sensibilité
pour la lumière à droite ; — la malade pour la première fois
depuis l'opération voit un peu de l'œil gauche, ce qui indique
que le sang s'est déjà résorbé.

6 juillet. Disparition complète de sang à gauche.

Le 49. Va au Vésinet le 19. — La malade part avant qu'on
ait pu examiner son champ visuel.

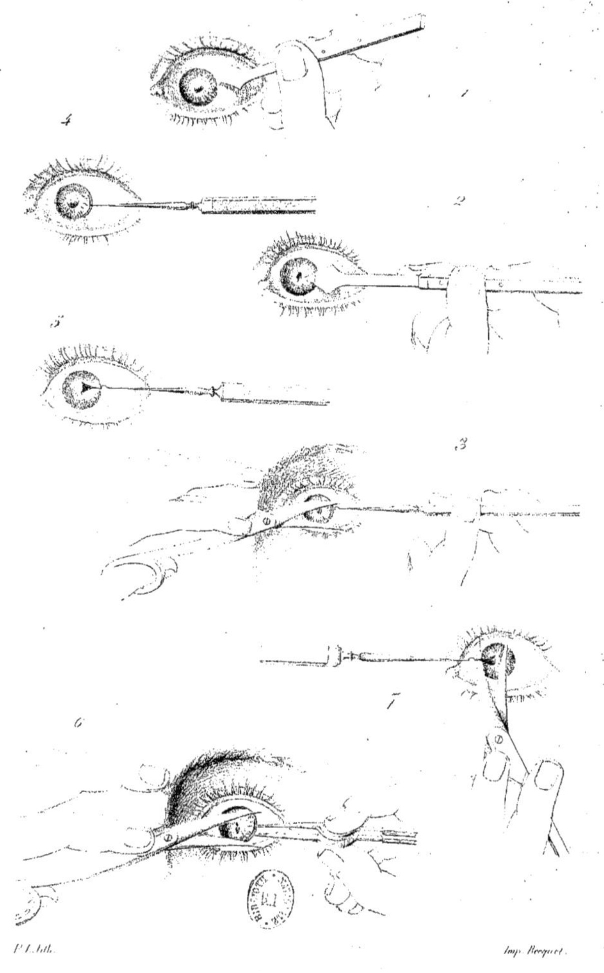

Divers Temps de l'Iridectomie.